Glitzerflaschen & Co

33 Ideen für selbstgemachtes Spielzeug in Krippe und Kita

Impressum

Glitzerflaschen & Co
33 Ideen für selbstgemachtes Spielzeug
in Krippe und Kita

Autoren
Antje Bostelmann, Michael Fink

Fotos
Barbara Dietl – www.dietlb.de
Ferdinand Bostelmann, Heiko Mattschull,
Susan Richter

Gestaltung
Sophie Seith, Annika Zipperling

Lektorat
Ferdinand Bostelmann, Katrin Stoffel

Druckerei
Druckerei Uwe Nolte, Iserlohn
Gedruckt auf chlorfrei gebleichtem Papier

Verlag
Bananenblau UG (haftungsbeschränkt)
Der Praxisverlag für Pädagogen
Arkonastr. 45 – 49
13189 Berlin

Telefon: 030 477 96 0
Telefax: 030 477 96 204
E-Mail: info@bananenblau.de
www.bananenblau.de

© Bananenblau 2013
ISBN 978-3-942334-34-1
2. unveränderte Auflage 2014

Die Fotos wurden in der Klax Kinderkrippe Sonnenhaus in Berlin aufgenommen.

Inhalt

Vorwort

Liebe Leserinnen und Leser,

welche Spielzeuge brauchen Kleinkinder? Immer wieder sind wir darüber erstaunt, wie die Kleinen manch ein gutgemeintes Spielzeuggeschenk ignorieren – und ihre Aufmerksamkeit voll und ganz Alltagsdingen schenken, die für uns allzu banal wirken. Besonders junge Eltern sind oft davon irritiert, dass ihr Kind das liebevoll mit vielen bunten Spielsachen eingerichtete Kinderzimmer ignoriert und stattdessen lieber in die Küche krabbelt, um dort die Schränke zu plündern und mit den Haferflocken Schütt-Spiele zu machen.

Beim Sammeln der Beispiele für dieses Buch war es deshalb unsere Idee, einmal den Weg des Kindes zu solchen Alltags-Spielsachen zu verfolgen. Von da aus haben wir dann weiter überlegt: Wie kann man aus all den Dingen, die das Kind interessieren, einfache und selbst herzustellende Spielobjekte bauen, die auch gezielt pädagogisch eingesetzt werden können? Herausgekommen ist eine Reihe von Spielzeugideen, die mit ein wenig Geschick und wenig Geld schnell nachgebaut sind. Wie es sich gehört, haben wir sie bereits umfangreichen und intensiven Tests unterzogen – indem wir die

Spielzeuge Krippenkindern in die Hände gegeben haben. Klar, dass dabei manche Idee abgeändert oder fallengelassen werden musste – und das Tun der Kinder dafür andere Einfälle hervorgebracht hat!

Ideen haben, ausprobieren, weiterentwickeln: Dieser Dreischritt gilt nicht nur für das Entwickeln von Spielzeugideen, sondern beschreibt auch die Arbeit mit Kleinkindern gut, welche vom Wechselspiel der Ideen des Erziehenden und dem, was die Kinder daraus machen, lebt. Auch für uns Autoren ist solch ein Dialog wichtig – mit Ihnen als Leser: Wir freuen uns wie immer auf Ihre Hinweise und Weiterentwicklungen unserer Spielzeugideen!

Antje Bostelmann, Michael Fink
August 2013

Einleitung

Spiel mit Abfall? Spiel mit Alltag!

Die junge Familie bekommt Besuch, und dieser blickt beglückt zum noch nicht einjährigen Nachwuchs, der da auf seiner Decke hockt und vertieft spielt – mit was eigentlich? Verständnislose, leicht schockierte Blicke fallen auf ein Stück Luftpolsterfolie: „Ihr lasst euer Kind mit Verpackungsmüll spielen?"

In unserem Buch geht es zu wie in einem Recycling-Bastelbuch: Für fast alle Spielzeugideen schlagen wir die Verwendung von Abfallmaterialien vor. Erzieherinnen, die diese Ideen ausprobieren, müssen vermutlich den Mülleimer seltener als bisher ausleeren und werden dafür von Familienmitgliedern oder Teamkollegen schräg angeschaut: Was willst du denn mit all dem Abfall? Klar, das Bauen von Spielzeugen aus Altmaterial spart der Kitakasse Geld – aber klingt dabei nicht auch ein wenig Geringschätzung der Bedürfnisse von Kleinkindern mit, wenn ausgerechnet diese nur Müll-Dinge statt hochwertiger Spielzeuge bekommen?

Man kann aber auch ganz anders auf die Sache sehen: All die leeren Flaschen und abgelegten Kartons waren für die Kinder, als sie noch in Benutzung waren, Dinge des Alltags: Dinge, die sie zu gerne einmal untersuchen wollten, weil sie deren Eigenschaften täglich erleben: Flaschen mit buntem Inhalt, glitzernde CD-Spindeln... Gleichzeitig sind es Dinge, die kleine Kinder schon deswegen interessieren, weil sie diese in unseren Händen gesehen haben. Wir kennen das selbst noch: Als wir klein waren, ließen unsere Großmütter uns vielleicht unter der Wäscheleine mit dem Klammerkörbchen spielen. Wir haben in der Nähstube Knöpfe sortiert oder darum gebeten, mit den Eierbechern aus der Küche spielen zu dürfen. Solche mit Bedeutung aufgeladenen Dinge sind für Kleinkinder ungleich interessanter als solche, mit denen nur sie spielen und kein Erwachsener. Wenn wir aber ebendiese Alltagsdinge nutzen, um daraus für Kleinkinder Spielzeuge zu bauen, dann erlauben wir ihnen an einem kleinen Stück unserer „Ding-Welt" teilzuhaben: Auch du darfst mit unseren Sachen spielen!

Geringschätzung wäre es, wenn die leere Flasche, die Verpackung oder der Schlauch-Rest in der Wahrnehmung der Kinder Abfall wären. Aber diese Einordnung spielt für Kinder unter drei keine Rolle,

wie ständige Konflikte um aufgelesene Müll-Dinge zeigen, die die Kleinen unbedingt aufheben und behalten wollen. Es ist gut, wenn auch wir dieser Sicht folgen – und all die Verpackungsreste als „unspezifisches Material" einordnen, das seinen angedachten Zweck bereits erfüllt hat – und nun offen ist für vielfältige Verwendungszwecke.

Spielhandlungen beobachten, um Spielmaterial zu entwickeln

Schau genau hin! Beobachte, was die Kinder tun! Versuche zu verstehen, was die Kinder in ihrem Handeln antreibt! Ein gutes Spielzeug ist eines, das gerade zur aktuellen Situation des Kindes passt. Andersherum gesagt: Weder das beste pädago-

gisch Prüfsiegel noch die originellste Bau-Idee garantieren, dass das Kind sich begeistert mit einem Spielzeug beschäftigt, wenn dieses nichts mit seinem aktuellen „Untersuchungsthema" zu tun hat. Es ist also wichtig, durch Beobachten der Kinder ihre aktuellen Untersuchungsthemen herauszufinden, um ihnen jeweils passende Spielzeuge bereitzulegen.

Um das Erkennen solcher Untersuchungsthemen im Tun der Kinder zu vereinfachen, wurde das Konzept der „Elementaren Spielhandlungen" entwickelt. Dabei werden wiederkehrende Muster im Spiel der Kleinkinder Oberbegriffen zugeordnet. So lassen sich z.B. viele Spiele dem Thema „Fall untersuchen" zuordnen, etwa wenn Dinge geworfen werden oder

aber auch der Lauf des Wassers untersucht wird. Ein anderes wiederkehrendes Thema ist „Transport", bei dem Kinder Taschen oder Fahrzeuge nutzen, um Dinge zu verschieben, sich aber auch gerne selbst befördern lassen. Auch das Verstecken, das Verbinden von mehreren Dingen zu einem oder das Zerlegen von Dingen in kleine Stücke sind Handlungen, die Kleinkinder immer wieder in verschiedensten Variationen ausführen.

Es ist hilfreich, diese Kategorien beim Beobachten des Tuns der Kleinkinder im Hinterkopf zu haben, um ihnen das richtige Spielzeug anzubieten: Ein Kleinkind, welches gerade dabei ist, Dinge hinter Heizungen oder Möbeln zu verstecken, kann eine Einsteckdose gut gebrauchen, bei der Korken oder Gardinenringe durch einen Schlitz im Deckel zu stecken sind. Der Fall und auch der Transport lassen sich mit den Schlauchflaschen aus diesem Buch untersuchen, bei denen zwei miteinander verbundene Flaschen mit feinem Sand, Grieß oder Wasser gefüllt sind.

Es gibt sehr viele Möglichkeiten, die Entwicklung in den ersten drei Jahren mit einfachem, selbst hergestelltem Spielmaterial zu unterstützen.

Zu schade für den Müll: Das Remida-Prinzip

Das kann man doch noch gebrauchen: Wer Kindern unspezifische Materialien als Spielzeug zur Verfügung stellen will, kommt um eine Lager-Ecke nicht

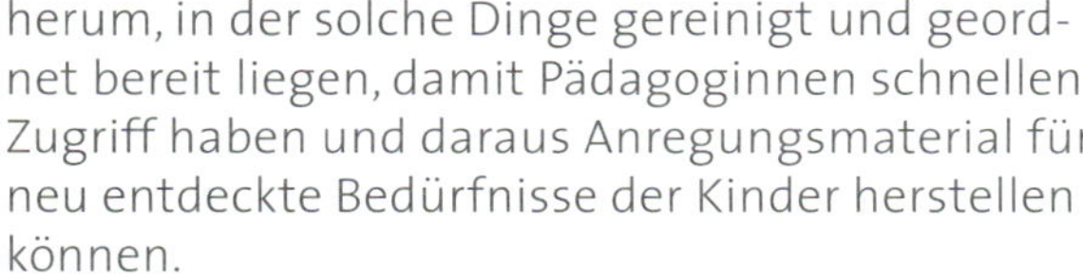

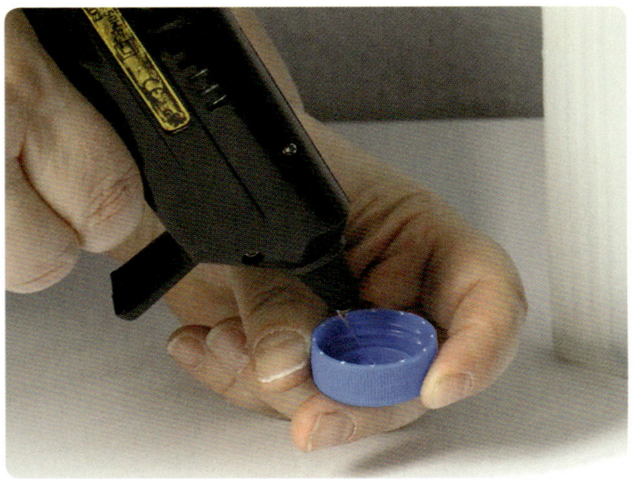

herum, in der solche Dinge gereinigt und geord-
net bereit liegen, damit Pädagoginnen schnellen
Zugriff haben und daraus Anregungsmaterial für
neu entdeckte Bedürfnisse der Kinder herstellen
können.

In der Reggio-Pädagogik gibt es einen Begriff für
eine solche Restesammlung, nämlich den der
„Remida". Die Silben „Mida" in dem Wort bezie-
hen sich übrigens auf König Midas, in dessen
Händen sprichwörtlich alles zu Gold wurde –
welch ein vielversprechender Gedanke! In Reggio,
und mittlerweile auch in Deutschland, gibt es
große „Remidas", ähnlich kommunalen Lagerzen-
tren, welche für viele Einrichtungen verwendbare
Reststoffe sammeln und aufbewahren. Aber
auch für die eigene Einrichtung empfiehlt sich
die Anschaffung eines solchen Materiallagers. Ein
guter Anfang dazu kann ein geordneter Schrank
oder kleiner Lagerraum sein.

Folgendes lohnt sich im Hinblick auf unsere Bau-
Ideen zu sammeln:

- Plastikflaschen verschiedener Größen, Formen
  und Farben: Getränkeflaschen, Waschmittel-
  flaschen, Kosmetikfläschchen …
- Kaffeedosen mit Gummideckel, Dosen mit
  Schraubdeckel
- Pappkartons, Pappröhren, Papprollen
- Füllmaterial aus Pappschnitzeln oder Maisgrieß
- Luftpolsterfolie, Luftkissen
- Schläuche aller Art
- Trichter, Plastiklöffel und ähnliche preiswerte
  Haushaltsartikel
- Bürsten, Schwämme, Kämme
- Korken, Gardinenringe

Wer stellt das alles her?

Immer nur die Erzieherinnen? Das muss nicht sein:
Die Herstellung von Spielzeug für die Kindergruppe
ist ein großartiger Anlass, um die Eltern in die
Krippe einzuladen.

Ob es darum geht, Einsteckdosen aus leeren Kaffeedosen herzustellen oder leere Plastikflaschen mit
bunten Farben zu füllen – die Eltern sind gern dabei.
Ein solcher Bastelnachmittag oder ein Elternabend
zum Thema Spielen mit anschließender Spielmate-
rialherstellung für die Krippe ist für Eltern spannend, da sie viel über das Verhalten ihres Kindes
erfahren und lernen, es einzuordnen.

Außerdem: Gemeinsam am Tisch zu sitzen, zu
schneiden, zu kleben und zu probieren ist eine gute
Grundlage für vertrauliche Gespräche, Gedanken-
austausch und führt am Ende zum gegenseitigen
besseren Verstehen.

Kurze Lebensdauer – eine Chance für Weiterent-
wicklungen!

Ein Wermutstropfen zuletzt – mit positiver Wen-
dung: Lange halten unsere selbst hergestellten
Dinge dem unermüdlichen Explorationsdrang der
Kinder nicht stand. Aber ist es von Nachteil, dass
selbstgebaute Spielzeuge nicht für alle Ewigkeit
halten? Ihr kurzer Lebenszyklus fordert uns immer
wieder heraus, neue Erfindungen zu machen, die
mit der rasanten Entwicklung der Kinder Schritt
halten können.

Tipps

Richten Sie einen Sammelplatz ein, an dem
immer viele gute Materialien bereit liegen!

Beobachten Sie die Kinder kontinuierlich,
um immer zu wissen, welches Spielzeug
gerade richtig für sie ist.

Unterscheiden Sie beim Thema Sicherheit
zwischen Material für das freie Spiel und
Dingen, mit denen die Kinder unter Ihrer
Begleitung spielen werden.

Verabreden Sie sich regelmäßig mit den
Eltern, um gemeinsam Spielzeug zu bauen
und zu erfinden.

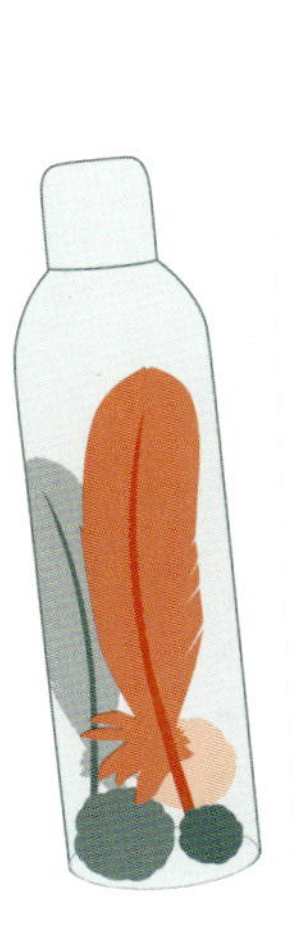

little hungary
Fish for

Funkeln unter Wasser: Glitzerflaschen

Kurze, von Kinderhand gut
zu greifende Plastikflasche

Murmeln für den
Schüttel-Effekt

Gefärbtes Wasser
mit Glitter

Was tun Kinder damit?

Im Inneren der Glitzerflaschen finden Kinder eine höchst lebendige Welt vor, der sie lange zusehen und in die sie sich hineinversenken mögen. Der Glitter gerät bei jeder Bewegung der Flasche ins Trudeln, und die Kinder folgen dem gerne mit ihren Augen. Es fordert sie heraus, einzelne dieser winzigen Teilchen zu betrachten. Eine Murmel in der Flasche bewirkt, dass es beim Schütteln etwas rappelt – und die Teilchen besonders gut gemixt werden.

Was untersuchen sie dabei?

Schwerkraft: Fast alle Dinge fallen hinab. Beim langsamen Hinabsinken von schwebenden Glitterteilchen können Kinder dieses genau verfolgen.

Rotation: Nachdem sich die Flasche gedreht hat, geraten die Glitterteilchen in kreisförmige Bewegungen – ein faszinierendes Schauspiel.

Ordnung: Durch Schütteln gerät der Inhalt durcheinander. Steht die Flasche, wird Ordnung wiederhergestellt.

Aktionen mit der Flasche:

Umdrehen – und damit den Inhalt in Bewegung versetzen.

Rollen oder eine schiefe Ebene hinabrollen lassen – und Trägheit der Masse erfahren.

Schütteln – um Glitter aufzustöbern und wieder absinken zu lassen.

Ins Licht halten – und das Lichtspiel beobachten.

Kräftig schütteln – und die Murmeln hören und fühlen.

So wird die Flasche hergestellt:

Zur Herstellung dieser Flasche benötigen wir leere, möglichst schmale und damit gut zu greifende Flaschen aus Plastik – zum Beispiel Wasserflaschen mit 0,2 – 0,33 Liter Inhalt, dazu einen Trichter, einen kleinen Löffel und natürlich Wasser. Aus dem Deko-Geschäft bekommen wir farbigen oder silbernen Glitter sowie eine handvoll kleiner Murmeln. Zusätzlich brauchen wir Klebstoff, um den Deckel sicher zu verschließen.

Zwei bis drei Löffel Glitter geben wir mit dem Löffel in die Flasche und stecken die Murmel in die Flasche hinein. Um Glitter und nun auch Wasser sicher einfüllen zu können, ist der Trichter nützlich. Bevor wir den Deckel fest verschrauben, ist es sinnvoll, zusätzlich ein wenig Klebstoff in das Gewinde des Deckels zu geben, damit der Deckel von Kindern nicht mehr zu lösen ist. Nach dem Verschrauben entfernen wir eventuell überschüssigen Klebstoff an der Außenseite der Flasche und lassen diesen trocknen – fertig.

Es macht Kindern Freude, möglichst viele unterschiedliche Versionen einer Sache durchzuprobieren. Also ist es sinnvoll, die Flasche in Variationen anzubieten, indem wir die Farbe des Glitters variieren. Besonders effektvoll ist es, zusätzlich das Wasser mit konzentrierter Badewasser- oder Lebensmittelfarbe einzufärben.

Versunken im Sternenmeer

Sterne sind ins Wasser gefallen und schwimmen nun um die Wette. In dieser Variante befinden sich weitere leichte Deko-Materialien wie Sterne oder Fische aus silberner oder farbiger Folie in der Flasche.

Besonders reizvoll an dieser Variante ist es, dass nun Dinge mit unterschiedlichen Schwimmeigenschaften zusammentreffen.

Der leichte Glitter trudelt noch im Wasser verteilt umher, während die schwereren Deko-Sterne oder Fische schon hinabgesunken sind.

Auch beim Drehen der Flasche rotieren die verschiedenen Teile in unterschiedlicher Geschwindigkeit und Dauer.

Große Blase

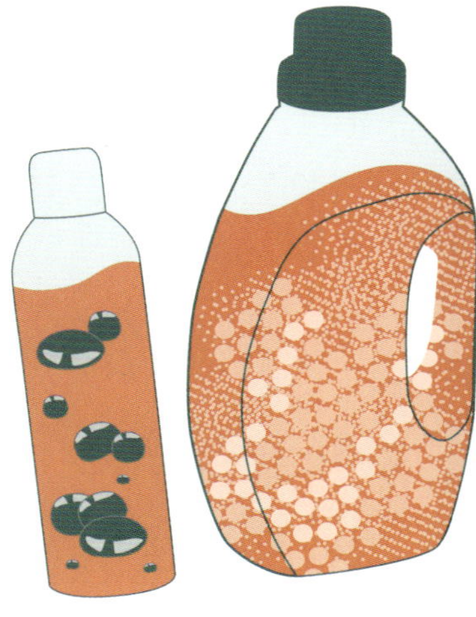

Dicke rote Blasen taumeln in der Flasche umher, schließen sich mit anderen zusammen oder trennen sich wieder.

Die Flasche wird dafür zuerst bis fast zum Rand – Platz lassen für die Blasen! – mit Öl (z.B. Babyöl) gefüllt.

Die bunten Blasen werden aus Lebensmittelfarbe und wenig Wasser hergestellt und mit einer Spritze oder Pipette tropfenweise in das Öl gegeben.

Zusätzlich können wir noch eine weitere Farbe dazugeben: So trudeln Blasen verschiedener Farben in der Flasche umher. Wie lange es wohl dauert, bis sie sich mischen?

So ein Schaumschläger!

Einen Hauch von Zauberei bietet diese Flasche: Mal scheint sie fast leer zu sein, dann wieder steigt die blaue Masse darin bis zum Deckel hinauf. Der Effekt ist dabei einfach und an sich schon Kindern vertraut: Gefärbter Schaum, der sich in Blasenform ausdehnt.

Für den „Schaumschläger" brauchen wir eine etwas größere, gut zu greifende Flasche, Spülmittel, Temperafarbe und einen Trichter zum Befüllen.

Wir geben etwas Wasser sowie Farbe und Spülmittel in die Flasche . Wenn die Flasche eine Weile herumsteht, sammelt sich das bunte Gemisch am Boden.

Je kräftiger die Flasche geschüttelt wird, desto mehr scheint sie sich nun zu füllen. Nur langsam sinkt der Schaum danach wieder zusammen.

Fett schwimmt oben: Die Zweifarbflasche

Wenn die Zweifarbflasche eine Weile ruhig dasteht, sieht man in ihr eine geordnete Welt: Oben eine Schicht gelbe Flüssigkeit, unten ein strahlendes Blau mit ein paar schwimmenden Herzchen.

Für die erste Schicht färben wir Wasser mit kräftiger blauer Lebensmittel- oder Badewasserfarbe und geben noch ein paar schwimmende Glitzerteile dazu.

Für die zweite Schicht wird Öl eingefüllt. Deckel drauf und mit Heißkleber gut verschließen! Wird die Flasche nur sanft bewegt, bleiben beide Schichten für sich allein.

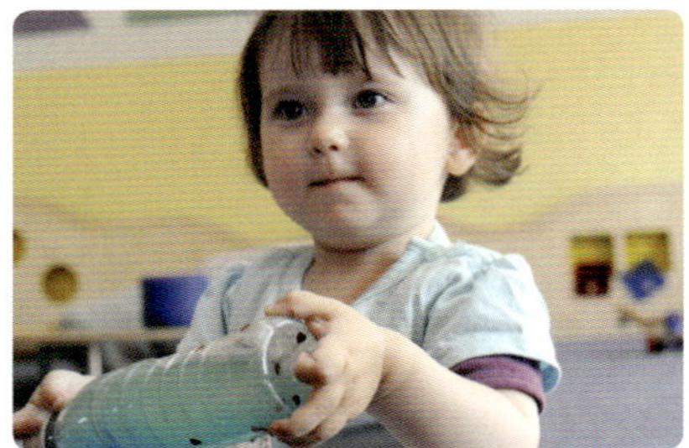

Kräftiges Schütteln hingegen mischt alles zu einem trüben Einheitsbrei – der sich binnen weniger Minuten wieder klärt.

(Un)sichtbar: Der Wasserperlenzauber

Nanu – ist in dieser Flasche nur gefärbtes Wasser? Oder befinden sich viele bunte Bälle darin? Je nach Drehung sieht der Inhalt des Wasserperlenzaubers anders aus.

Der Clou liegt im Füllmaterial: Aqua-Perlen. Diese gibt es in Dekogeschäften – eigentlich, um sie ins Blumenwasser zu geben und Schnittblumen sicheren Stand zu verleihen.

Unter Wasser sind diese Perlen aus Kieselgel quasi unsichtbar – besonders schön ist dieser Effekt bei ungefärbtem Wasser zu beobachten!

Über Wasser – und das sieht man gut, wenn man die Flasche hinlegt – werden die kaum sichtbaren Perlen scheinbar zu festen Murmeln.

Es prasselt in der Rasselflasche

Schmale, von Kinderhand
gut zu umfassende Flaschen

Linsen oder Reis als
Rassel-Material

Variante mit unterschied-
lichen Materialien

Was tun Kinder damit?

Jedes Böhnchen gibt ein Tönchen: Mit den Rasselflaschen fangen Kinder von selbst an, Klänge zu erzeugen, indem sie diese schütteln. Eine ausgesprochen lustvolle Angelegenheit, kräftig Krach zu machen! Anders als bei den meisten gekauften Rasseln können die Kinder bei den Rasselflaschen gut beobachten, wie der Lärm entsteht, wenn beim Rasseln die Körner innen wild herumfliegen, die vorher ordentlich aufeinander lagen.

Was untersuchen sie dabei?

Ursache-Wirkung: Je nachdem, wie kräftig und schnell ich die Flasche bewege, verstärkt sich auch das Geräusch dabei.

Fall-Linie: Neigt man die Flasche nur leicht oder rollt sie, rieseln Reis oder Linsen langsam voneinander ab.

Unterschiede: Je nach Füllmaterial klingt das Rasseln (oder Klappern!) unverwechselbar anders.

Aktionen mit der Flasche:

Blind schütteln – und Geräusche vergleichen.

Als Musikinstrument nutzen – etwa zur Begleitung gesungener Lieder oder beim Tanzen.

Auf eine schiefe Ebene legen – und ihre Trägheit erfahren.

Gemeinsam neu auffüllen: Wie klingt wohl dieses Material?

So wird die Flasche hergestellt:

Zur Herstellung dieser Flasche benötigen wir gut zu greifende Flaschen aus möglichst sprödem Plastik, weil dieses wesentlich bessere Rasselgeräusche macht. Smoothie-Flaschen aus dem Supermarkt sind perfekt, auch wegen des großen Deckels für große Füll-Stoffe.

Wie immer ist es sinnvoll, mit etwas Kleber ein Öffnen des Deckels durch „schraub-begeisterte" Kinder zu verhindern. Dazu bietet sich Silikon oder Heißkleber an, den wir direkt vor dem Zuschrauben im Inneren des Deckels anbringen.

Es ist gerade bei den Rasselflaschen sinnvoll, viele Flaschen anzubieten, mit möglichst verschieden klingenden Rassel-Stoffen. Unterschiedliche Linsenfarben machen zudem die Kinder neugierig, alle Flaschen durchzuprobieren.

Bereitstellen können wir solche Flaschen natürlich auf einem Tablett oder im Körbchen im Spielraum. Möglich ist es auch, sie hängend zu befestigen, zum Beispiel an einem Geländer. Dafür ziehen wir um den Plastikring, der beim ersten Öffnen des Deckels an der Flasche bleibt, eine reißbare Schnur – so vermeiden wir Verletzungen durch Kinder, die sich in der Schnur verheddern! – und binden die Flasche fest.

Verdeckte Schüttler

Im Gegensatz zu transparenten Gefäßen fördern undurchsichtige Rasselflaschen das Hörvermögen der Kinder stärker heraus, weil sie durch den Sehsinn nicht abgelenkt sind.

Gerade bei feinen Materialien ist es spannend, das Rieseln durch die Flasche und die damit einhergehende Gewichtsverlagerung nur zu spüren.

Statt Linsen bekommt diese Flasche eine Füllung aus fein rieselndem Sand – das erzeugt ein helles Geräusch.

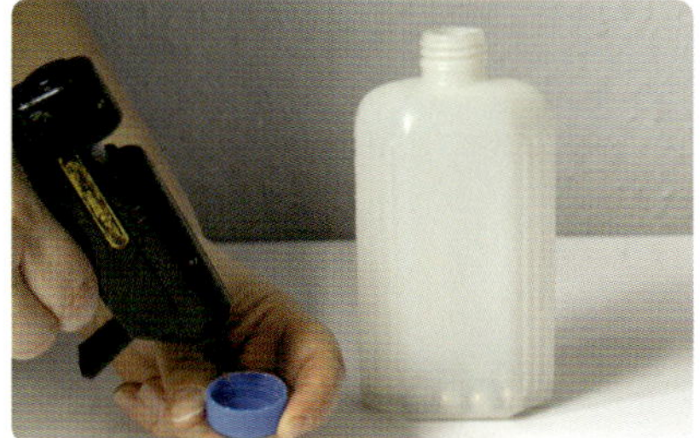

Sind in diesem „verdeckten Schüttler" die gleichen Dinge drin wie in der transparenten Flasche? Beides zusammen angeboten animiert zu Hörvergleichen.

Bunt is beautiful: Perlenregen

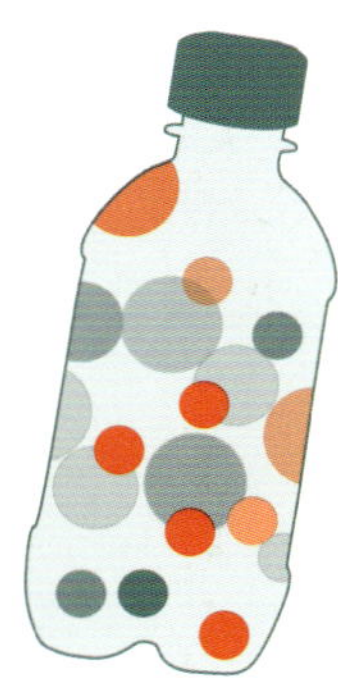

Was mögen kleine Kinder an bunten Perlen? Vielleicht, dass sie so klar sind: Eindeutig farbig, eindeutig rund. In der Perlenregen-Flasche verfolgen die Kinder oft Perlen einer bestimmten Farbe.

Jede Flasche mit etwas Schönem darin scheint für Kinder eine Welt zu sein, in die sie sich gerne mit den Augen hineindenken.

Gleichzeitig erlaubt das Flaschen-Prinzip ihnen, Materialien genau betrachten zu können, die für das direkte Spiel noch zu gefährlich wären.

Rollt man eine Rasselflasche, dann bietet diese aufgrund der Trägheit der Perlen unerwartet Widerstand – interessante Physik-Erfahrung!

Wie die Perlen an der Schnur...

Bei dieser Perlenflasche können die Kinder mit dem Inneren direkt Kontakt aufnehmen: In der Flasche befindet sich eine Perlenschnur, die durch den Deckel hindurch gezogen werden kann.

Als Material brauchen wir zusätzlich einen reißfesten Faden und eine große Perle für Außen. In den Deckel der Flasche bohren wir ein kleines Loch.

Auf die Schnur werden die Perlen aufgezogen, das Ende durch den Deckel gesteckt und mithilfe einer großen Perle außen befestigt.

Vormachen unnötig: Schnell verstehen Kinder das Prinzip dieser Flasche!

Unterwegs im Doppelmoppel

Miteinander verklebte Schraubdeckel

Loch durch beide Deckel

Feines, rieselfähiges Material

Was tun Kinder damit?

Dinge machen sich auf den Weg von hier nach da: Dieses Ereignis können Kinder mit Doppelflaschen, die dem Prinzip der Sanduhr nachempfunden sind, verfolgen. Schnell finden die Kinder bei den Doppelflaschen heraus, dass sich dieser Prozess beeinflussen lässt, indem man die Flasche stärker oder weniger stark neigt. Es fasziniert sie, dem Rieseln des Sandes vom ersten bis zum letzten Korn zuzusehen, obwohl dieser Prozess ja seine Zeit braucht.

Was untersuchen sie dabei?

Ursache-Wirkung: Je nachdem, wie schräg ich die Flasche halte, verändert sich die Geschwindigkeit des Rieselns.

Unterschiede und Gemeinsamkeiten: Egal, ob in der Flasche Farbwasser oder Sand ist – beides findet seinen Weg nach unten, aber in unterschiedlicher Form.

Fall-Linie: Egal, was man mit der Flasche anstellt: Am Ende befindet sich der Inhalt immer wieder in der unteren Flasche, als sei er dorthin heimgekehrt.

Aktionen mit der Doppelflasche:

Auf den Kopf stellen – und den Fluss des Materials beobachten.

Durch Drücken den Lauf der Dinge zu beeinflussen versuchen.

Versuchen, die beiden Seiten in der Waage zu halten – indem der Flascheninhalt nur halb auslaufen darf und die Doppelflasche dann gelegt wird.

Als merkwürdiges Fahrzeug einsetzen und die Doppelflasche als Achse mit zwei (ungleichen) Rädern eine schiefe Ebene hinab rollen lassen.

So wird der Doppelmoppel hergestellt:

Zwei gleichgroße Flaschen sind unser Ausgangsmaterial für die Doppelflasche, dazu brauchen wir noch Klebeband, Heiß-kleber, eine Schere und einen Kastanienbohrer – und natür-lich Farbsand als Schüttgut. Wichtig ist, dass diese einen möglichst breiten Deckel haben – wie es etwa bei Smoothie-Flaschen oft der Fall ist –, denn die Deckel sollen später stabil miteinander verklebt werden.

Als ersten Schritt füllen wir eine der beiden Flaschen mit dem rieselfähigen Material. Ein wenig davon behalten wir, um das Rieseln zu testen, in einem Glas zurück.

Im zweiten Schritt kleben wir beide Deckel an den Außensei-ten aufeinander. Dazu tragen wir Heißkleber auf, um die Deckel danach zügig zu verkleben. Es kann ratsam sein, das Plastik vor dem Kleben mit Schmirgelpapier aufzurauen, denn dann zieht der Kleber besser ein.

Nun bohren wir mit dem Kastanienbohrer genau in die Mitte beider Deckel ein Loch für den Sand, das mit der Schere drehend erweitert und an den Kanten geglättet wer-den kann. Eine Probe ist ratsam: Rieselt der Sand, die Linsen oder anderes Material hindurch?

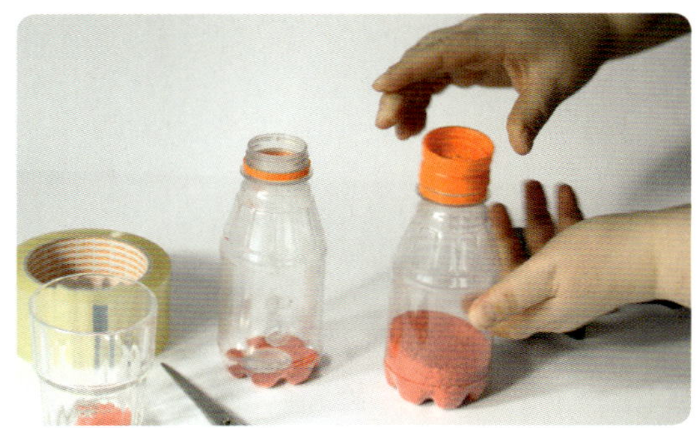

Jetzt müssen nur noch die Deckel aufgeschraubt und damit die Doppelflasche verbunden werden. Zusätzlich stabilisiert es unser Objekt, wenn wir den Doppel-Deckel mit einigen Runden Klebeband umkleben.

Nass hinter Glas: Doppelflaschen mit Farbwasser

Natürlich bieten sich auch flüssige Füllmaterialien für die Doppelflasche an, um Wasserexperimente ohne große Kleckerei veranstalten zu können. Das Wasser färben wir mit Ostereier- oder Badewasserfarbe ein.

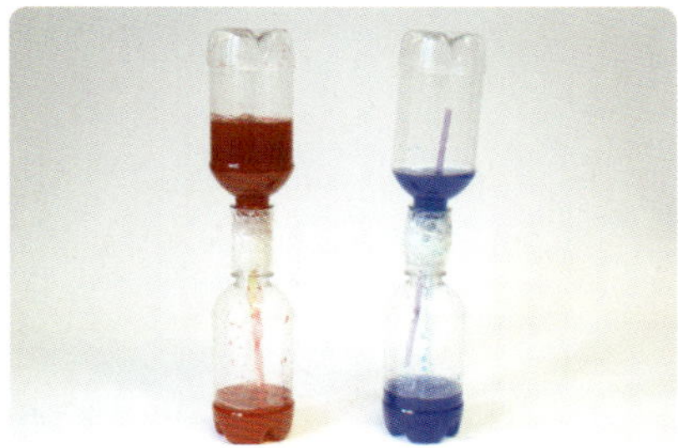

Besonders gründlich müssen dabei die beiden Deckel mit Heißkleber verklebt werden, damit kein Wasser ausläuft.

Am besten, man „versäubert" den Ritz zwischen beiden Deckeln großzügig mit einer durchgehenden Bahn Heißkleber. Loch in die Mitte, fertig.

Wenn wir durch beide Deckel einen Strohhalm stecken, bleibt nach dem Umdrehen der Flasche immer ein Rest in der oberen Flasche zurück.

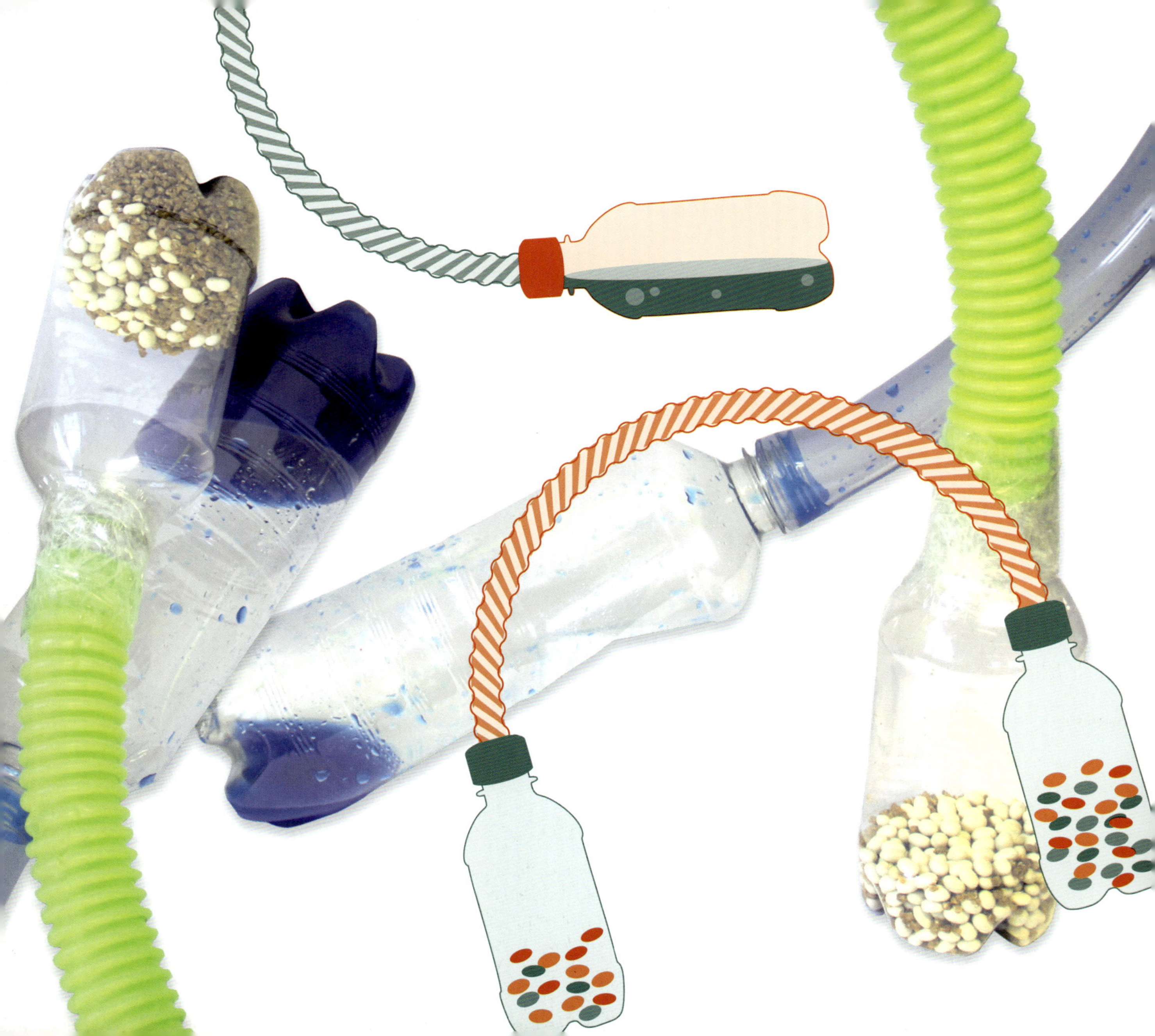

Linsentransport im Schlauchwunder

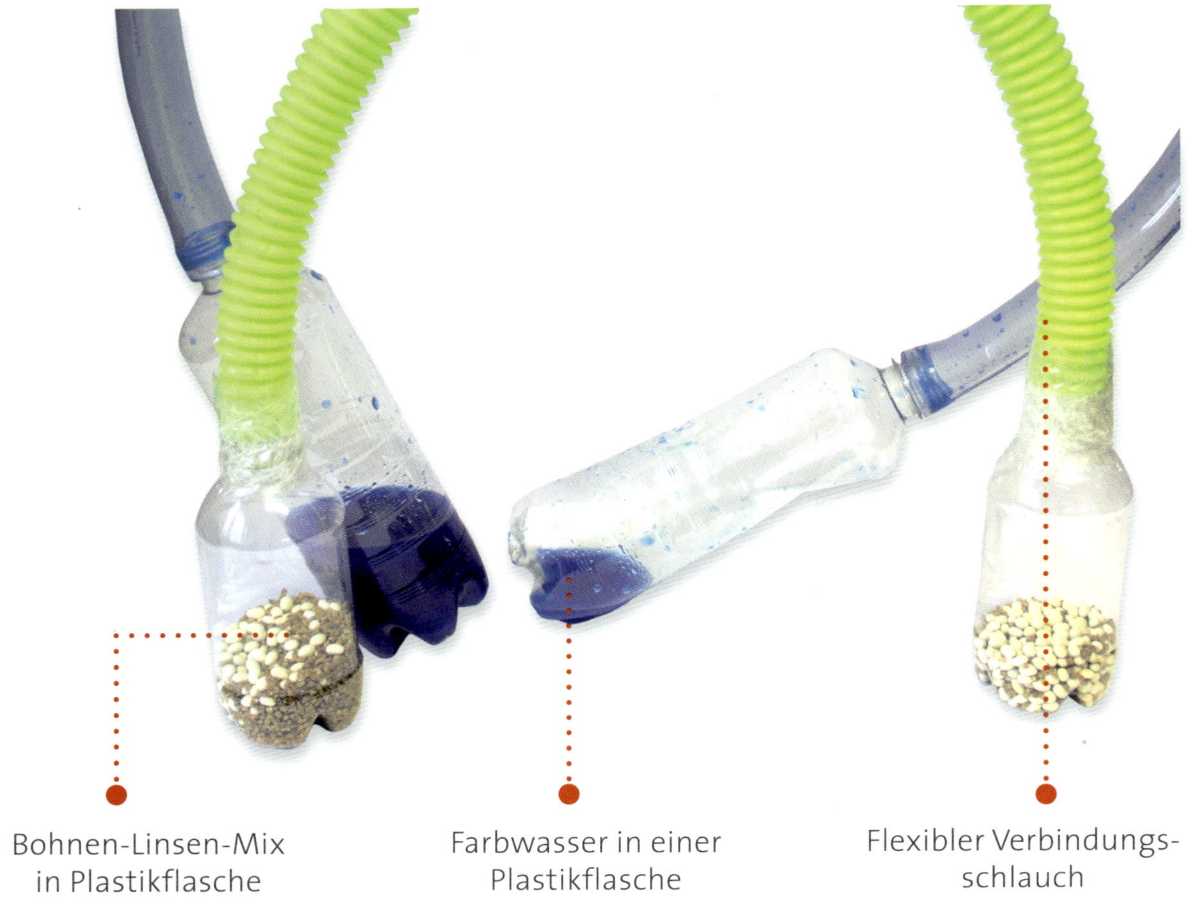

Bohnen-Linsen-Mix
in Plastikflasche

Farbwasser in einer
Plastikflasche

Flexibler Verbindungs-
schlauch

Was tun Kinder damit?

Wie beim Doppelmoppel sind zwei Flaschen miteinander verbunden – aber nicht direkt, sondern über einen langen Schlauch. So können die Kinder mit Spannung verfolgen, wie der auf den Weg geschickte Inhalt der Flaschen im Schlauch verschwindet und in der anderen Flasche wieder zum Vorschein kommt. Das Fließen der Füllstoffe kann durch Neigen und Biegen des Schlauches beeinflusst oder gar gestoppt werden.

Was untersuchen sie dabei?

Mengen: Ist schon der gesamte Inhalt einer Flasche in die andere gewandert – oder befindet sich noch ein Rest im Schlauch?

Gewicht: Wie bei einer Waage erfährt das Kind, welche der beiden Flaschen sich schwerer anfühlt – oder ob der Schlauch gerade das Gewicht trägt.

Fall-Linie: Nur wenn die Schlauchstrecke ein Gefälle hat, wird der Inhalt seinen Weg zur anderen Flasche suchen.

Aktionen mit dem Schlauch:

Bohnenschlauch an das Ohr halten – und dem Rieseln der Bohnen zuhören. Am Wasserschlauch beobachten, wie das Farbwasser vorbei fließt.

Schlauch u-förmig halten – und den ganzen Inhalt in ihm sammeln.

Schlauchende pendeln lassen – und die Wirkung der Fliehkraft auf den Inhalt beobachten.

So wird das Schlauchwunder hergestellt:

Für unser Spielobjekt brauchen wir zwei gleichgroße Plastikflaschen mit kleinem Schraubgewinde, Füllmaterial wie
einen Bohnen-Linsen-Mix oder Farbwasser, weiterhin eine
Schere und Klebeband, eventuell einen Kabelbinder – sowie
natürlich Schlauch in etwa achtzig Zentimeter Länge.
Geeignet für wasserführende Doppelflaschen ist ein glatter,
transparenter Aquarienschlauch, während ein gewellter
Flexschlauch für die Variante mit Bohnen und Erbsen besser
geeignet ist, weil wir mit einem hübschen Rassel-Effekt
beim Hindurchrutschen der Hülsenfrüchte belohnt werden.
Beide Schläuche gibt es im Baumarkt.

Bei der Auswahl des Schlauchs müssen wir unbedingt
darauf achten, dass der Innendurchmesser des Schlauches
etwas größer als der des Schraubgewindes der Flasche ist,
um diesen gut darauf stecken zu können!

Als ersten Schritt befüllen wir eine der beiden Flaschen, um
nun den Schlauch auf beide Flaschen aufzustecken. Der
Schlauch sollte jetzt schon fest an der Flasche klemmen,
zusätzlich können wir je einen größeren Kabelbinder wie
eine Schelle um die Schlauchende ziehen. In jedem Fall
umkleben wir Flaschenhals und Schlauchende, um die Verbindung zu verstärken. Schon fertig!

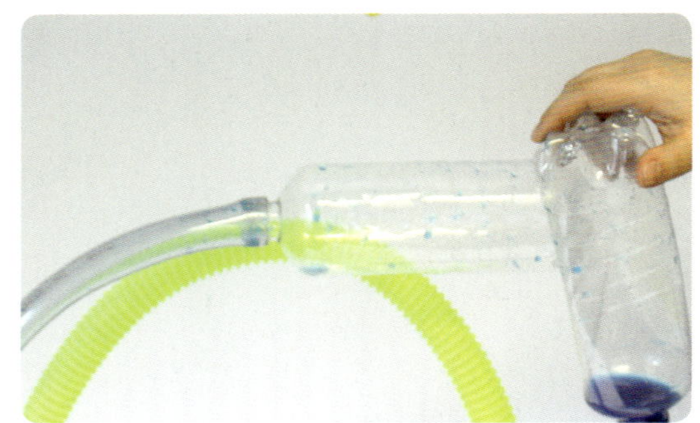

Es rattert im Murmelschlauch!

Man muss ja nicht alles sehen: Dass im Murmelschlauch etwas umhersaust, sieht man nicht – aber umso besser spüren es die Kinder, die den zum Kreis gewundenen oder an den Enden geschlossenen Schlauch in ihren Händen halten.

Baumaterial sind eine handvoll Murmeln, ein möglichst dünnwandiger, innen wie außen gewellter Flexschlauch (gibt's im Baumarkt), Klebeband sowie Korken und Heißkleber.

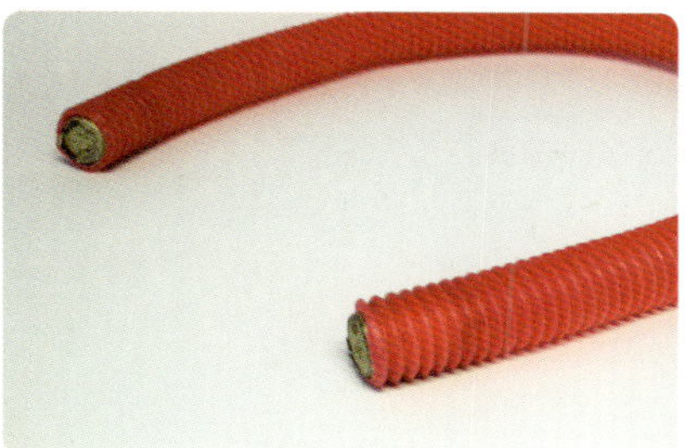

Beim geschlossenen Schlauch verstopfen wir nach dem Einfüllen der Murmeln die Enden mit passenden Korken und verkleben diese mit Heißkleber.

Für den Rundschlauch stecken wir nach dem Einfüllen der Murmeln die Enden ineinander (dazu ein Ende etwas einschneiden) und umwickeln die Verbindungsstelle mit einigen Lagen Klebeband.

Gut für den Kreislauf: Der Farbwasser-Ring

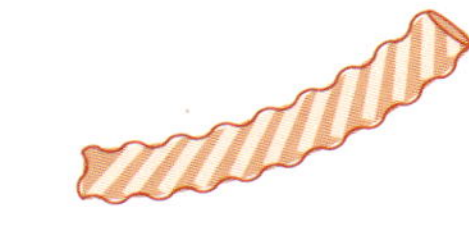

Wenn sich Farbwasser in einem zum Kreis gebundenen Schlauch befindet, gibt es viel zu beobachten: Je nachdem, wie man den Ring hält, steigt oder fällt die Wassersäule und verbinden sich Luftblasen, die durch Schütteln entstehen.

Ausgangsmaterial für den Ring ist ein Aquarienschlauch (ø 1 - 1,5 cm) aus dem Baumarkt. Dazu kommt Farbwasser, hergestellt mit Badewasser- oder Lebensmittelfarbe.

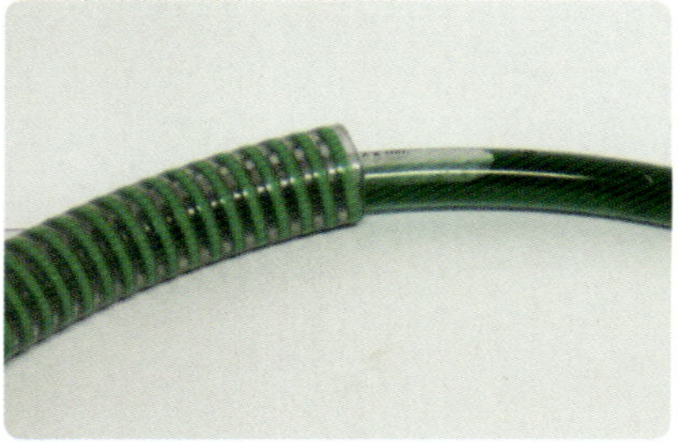

Wir stecken kurze Schlauchstücke mit deutlich größerem Durchmesser auf, sodass man diese umher schieben kann. So können die Kinder den Schlauch gut greifen – und gut sieht es auch noch aus.

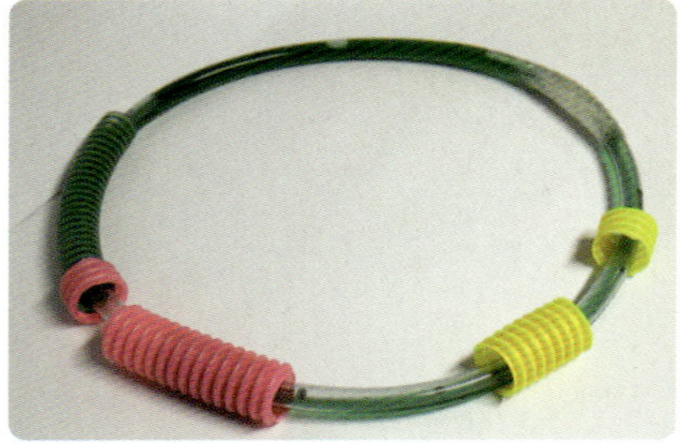

Zum Verbinden pressen wir ein 2 cm langes, dünneres Schlauchstück (ø 0,8 cm) in beide Enden des großen Schlauches ein. Mit Klebeband umwickeln, so wird die Sache dicht.

So geht's auch: Der Murmelbauch-Schlauch

Sssst, Klack: Mit hohem Tempo sausen die Murmeln in diesem Spielobjekt durch den Schlauch-tunnel, um im durchsichtigen Schlauchstück nach einigem Hin- und Herrollen zum Halten zu kommen.

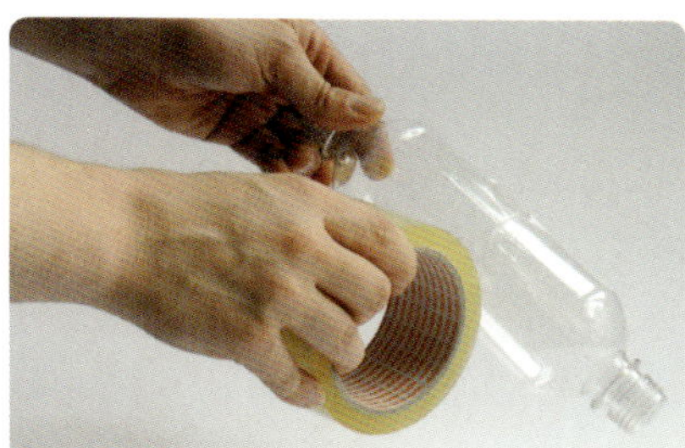

Mit einem Cutter schneiden wir die Flaschen in der Mitte durch und stecken beide Hälften aufein-ander, am besten mit kleinem Schlitz. Mit reichlich Klebeband verbinden!

Beide Flaschenhälse der so ent-standenen Kammer wollen wir nun durch einem Aquarien-schlauch mit passendem Durch-messer verbinden.

Vor dem Verkleben geben wir noch etwa fünf gleichgroße Mur-meln hinein. Schlauch aufstecken und Steckstellen gut mit Klebe-band umwickeln.

Die Wasser-Acht

Für die Kinder fast schon ein Labyrinth: Dieser Schlauch mit Farbwasser hat nicht nur zwei unterschiedliche Oberflächen (transparent und bunt), sondern auch scheinbar zwei getrennte Bereiche.

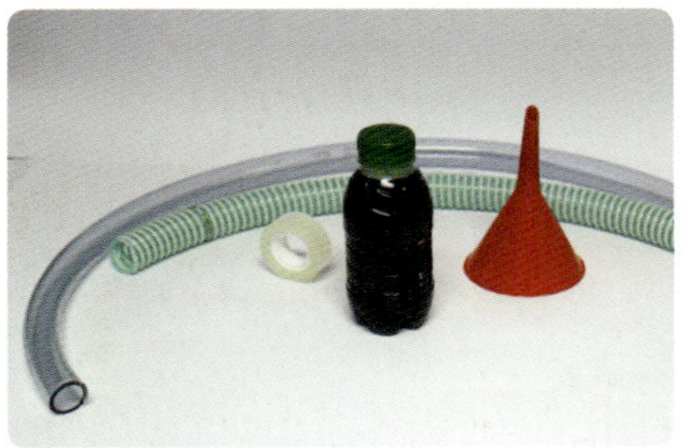

Hergestellt wird die Wasser-Acht aus zwei Sorten Schlauch, Farbwasser und Klebeband. Zunächst die beiden Schlauchsorten ineinander stecken und mit reichlich Klebeband umwickeln.

Mit dem Trichter Farbwasser einfüllen und anschließend auch die zweite Verbindungsstelle mit Klebeband verschliessen. Den Ring zur Acht formen und mit Klebeband fixieren.

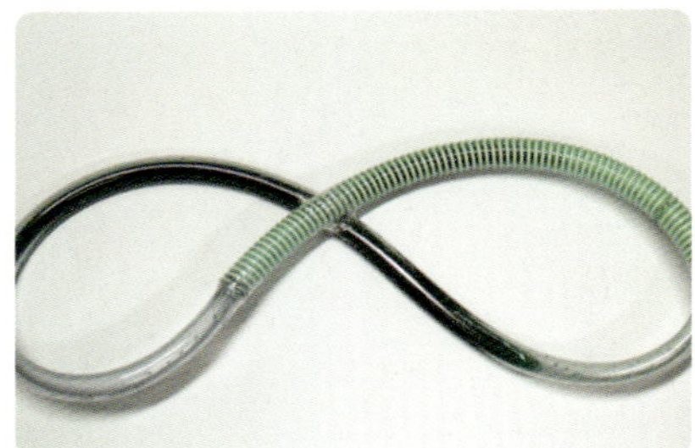

Wo ist das Wasser jetzt? Die Kinder fasziniert es bei der Wasser-Acht, den Lauf des Farbwassers nachzuvollziehen.

Bunter Bohnen-Kreis

Wieder ein Schlauch-Kreis – aber diesmal befinden sich hinter der transparenten Schlauchwand Bohnen, die sich beim Drehen des Kreises rasselnd in Bewegung versetzen.

Ein bis eineinhalb Meter lang sollte das Schlauchstück sein, das es im Baumarkt als Aquarienschlauch zu kaufen gibt.

Um die Festigkeit zu erhöhen: an der Verbindungsstelle ein kurzes Schlauchstück mit geringerem Durchmesser einpressen.

Clou des Schlauchs aber sind die Aufkleber aus transparenter, bunter Klebefolie: Hinter ihr sehen die sonst weißen Bohnen einmal bläulich, dann wieder rötlich aus.

Bio
Frische Vollmilch
länger haltbar
Vollmilch
länger haltbar
made in Germany

Viel zu tun an der Schüttmaschine!

Bäckerstiege als Gerüst für die Schüttmaschine

Verschiedene Kombinationen von Schläuchen, Flaschen, Tetrapaks

Kabelbinder als Befestigungsmaterial

Was tun Kinder damit?

Oben etwas in den Trichter hinein geben und schauen, wie es unten wieder herauskommt: An der Schüttmaschine beobachten Kinder stundenlang diesen einfachen Vorgang. Besonderes Vergnügen bereitet die Maschine deswegen, weil man an ihr diesen Vorgang in allerlei Varianten erproben kann: Mal landet der eingefüllte Reis prasselnd in einer Blechdose am Ende des Schlauchs, ein anderes mal rieselt er durch ein grobmaschiges Sieb hindurch.

Im Unterschied zu vielen anderen Spielzeugen in diesem Buch motiviert die Schüttmaschine zum gemeinsamen Tun: Besonders gut lässt sich der Riesel-Effekt beobachten, wenn ein Kind den Reis oder ein anderes Schüttgut eingibt und das andere gespannt abwartet, wo und wie dieses wieder herauskommt.

Was untersuchen sie dabei?

Wege: Wenn ich den Reis hier oben eingebe – wo kommt er dann bei den labyrinthartig-verschlungenen Schläuchen heraus?

Die Fall-Linie: Alles, was man oben hinein gibt, kommt unten wieder heraus. Oder nicht?

Sinnliche Erfahrungen: Es fühlt sich interessant an, wenn feine Körnchen auf die eigene Hand prasseln, die man unter ein Rohr hält.

Ursache-Wirkung: Je nachdem, durch welchen Schlauch ich das Material schicke, ergeben sich andere optische und akustische Effekte.

Strömungseigenschaften: Zu große Materialien können im Eingabetrichter stecken bleiben. Bei großen Mengen kommt es manchmal zu Verstopfungen, die man durch Rühren mit dem Finger oder ähnliches beseitigen kann.

Aktionen mit der Schüttmaschine:

Zu zweit spielen – und den anderen damit überraschen, aus welchem Rohr gleich etwas strömt.

„Körper" spielen: Oben kommt Essen rein – und was kommt unten heraus?

Verschiedene Materialien darauf erproben, wie sie sich in der Schüttmaschine verhalten: Klemmt es, geht es durch?

Den Weg des Schüttguts mit Auge, Stimme, Ohr verfolgen – indem man ins Rohr blickt, hinein ruft, hinein hört.

So wird die Schüttmaschine hergestellt:

Als Einfülltrichter brauchen wir Flaschen oder Tetrapaks. Bei beiden schneiden wir die untere Hälfte ab, um sie kopfüber als Trichter einzubauen. Natürlich eignen sich zusätzlich auch echte Trichter mit engem Ausgang zum Einsatz an unserer Maschine. Als Schüttkanal setzen wir Schläuche aus dem Baumarkt ein, genauso gut eignen sich Papppröhren

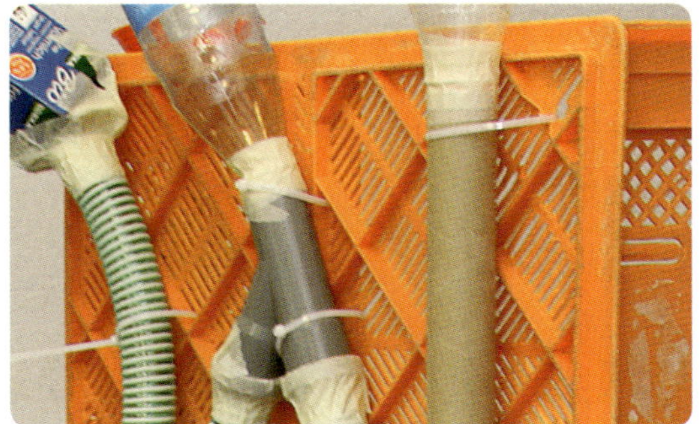

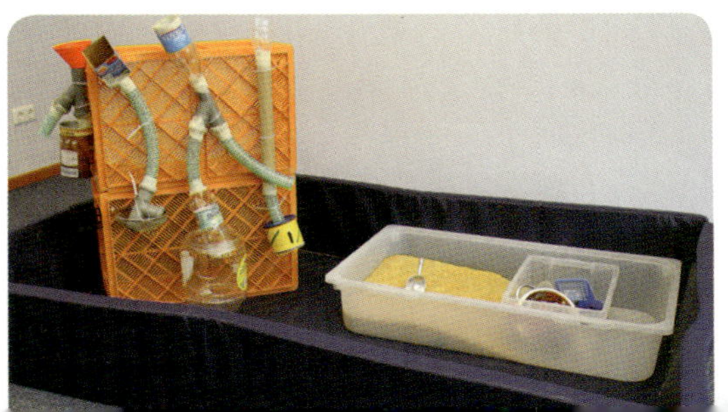

aus Küchenrollen oder Geschenkpapierrollen, wunderbar sind auch die grauen Abwasser-Steckrohre, mit deren Y-Stücke wir auch Abzweigungen herstellen können. Unsere selbstgebauten Trichter stecken wir an der Flaschenöffnung (oder dem Ausgießstutzen beim Tetrapak) in die Röhre hinein und verbinden die Stelle mit reichlich Klebeband.

Ähnlich können wir am unteren Ende der Rohre verfahren, müssen aber bedenken, dass hier die Gefäße, wo das Schüttgut hineinfällt, natürlich abnehmbar sein müssen, denn sonst könnte man ja den dort gesammelten Reis nicht wieder von neuem schütten.

Der gelochte Boden der aufrecht hingestellten Bäckerstiege (beim Bäcker erbetteln oder im Internet bestellen) eignet sich prima, um die Rohr-Trichter-Kombinationen per Kabelbinder daran zu befestigen: Großen Kabelbinder kaufen, vom Inneren der Stiege nach außen stecken, um den Hals des Rohrs führen, wieder hineinführen, verbinden. Das gleiche am unteren Ende des Rohrs wiederholen – fertig.

Gitterkörbe wie der Behälter der Physalis-Früchte erhöhen den Spaß der Kinder, wenn der Reis dort hineinrieselt – um gleich weiter zu rauschen.

Um den Inhalt der Schütt-Maschine nicht voll und ganz im Raum zu verteilen, empfiehlt es sich, erstens Gefäße zum darunter stellen anzubieten – zum Beispiel Plastikeimer. Zweitens lohnt es sich, den Raum um die Schüttmaschine abzugrenzen, entweder mit einer flexiblen Begrenzung wie auf unseren Bildern aus dem Kita-Fachversand oder einem einfachen Aufblas-Schwimmbecken. In ihm stellen wir natürlich reichlich Schüttgut in einer flachen Wanne, dazu Schaufel und Eimer bereit.

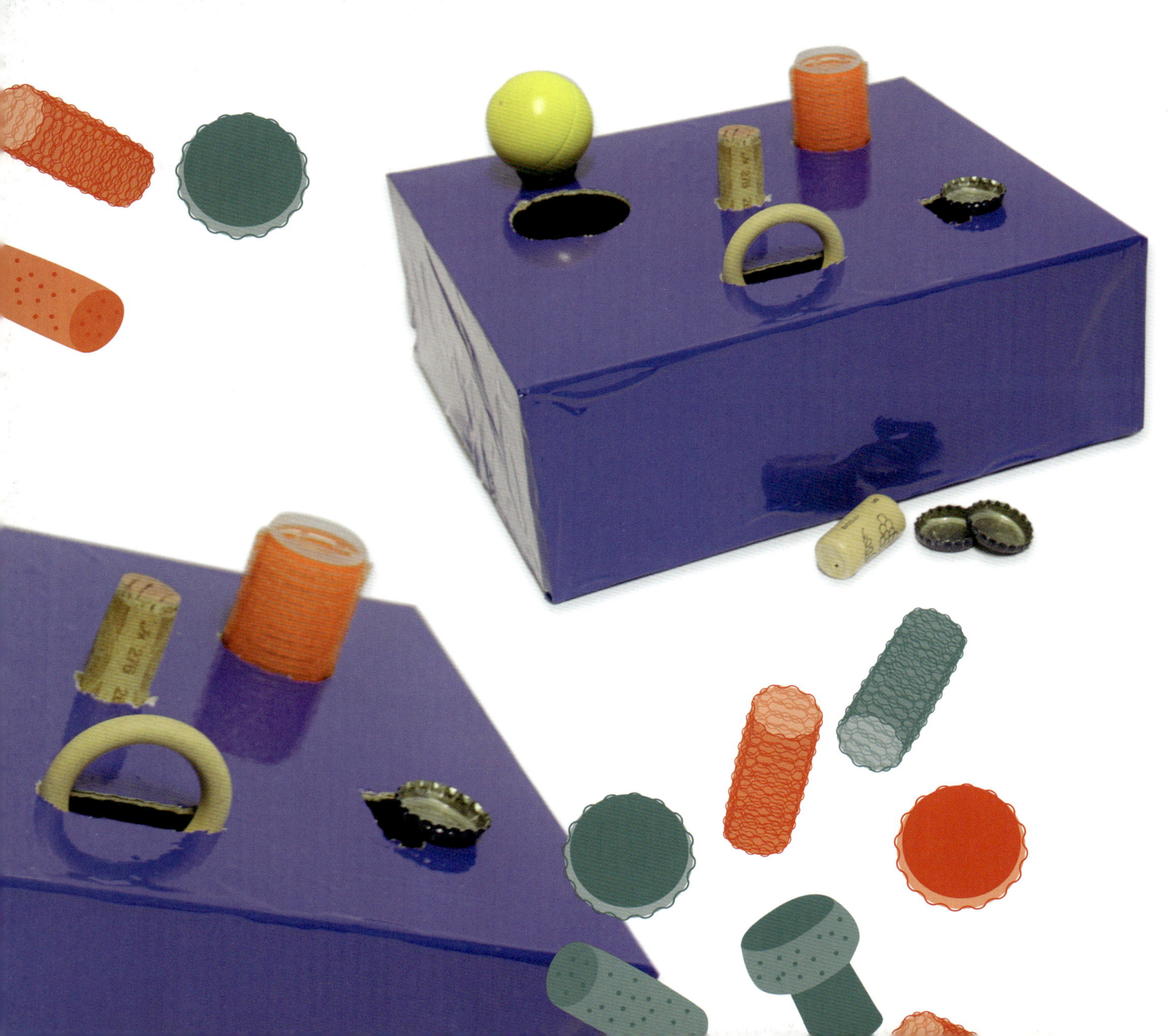

AFRICAN
ELEPHANT
FACTS
HOOLIGANS
ELF

Die Kiste mit dem Loch

Pappkarton,
verkleidet mit Folie

Ausschnitte in verschiedenen
Formen und Größen

Angebot an Gegenständen
unterschiedlicher Konsistenz

Was tun Kinder damit?

Erst ist es da, dann weg – und plötzlich wieder hier! Diese Grundfrage an die Materie beantworten Kinder immer wieder an Spielzeugen wie der Lochkiste, durch deren Löcher sie Dinge unsichtbar verschwinden lassen.

Jedes Ding hat seinen Platz: Diese Überzeugung motiviert Kinder beim Bespielen der Box, für jeden bereitgelegten Gegenstand den passenden Steckplatz zu suchen.

Was untersuchen sie dabei?

Objektpermanenz: Dinge kann man durch Hineinstecken unsichtbar machen, aber der Blick in die Kiste oder Schütteln verraten, dass sie immer noch da sind.

Mengen: Drei Dinge waren da, einer ist schon drin, dann zwei, dann noch einer: Durch endlose Wiederholung erfahren Kinder den Mengenbegriff.

Zusammenhänge: Trotz ihrer Unterschiedlichkeit verbindet Gegenstand und Loch die gemeinsame Form.

Aktionen mit der Lochkiste:

Neue Dinge zum Stecken erproben: Passen auch weiche Tücher oder lange Federn in die Box? Traust du dich, kleine Püppchen dort zu versenken?

Auf Geräusche aufmerksam machen: Lockenwickler und Kronkorken rattern beim Hineinstecken, der Holzball plumpst deutlich. Wie klingen andere Dinge?

Zähl-Spiele spielen: Wieviel ist schon drin, wieviel kann noch rein?

So wird die Lochkiste hergestellt:

Für die Lochkiste brauchen wir einen stabilen Pappkarton, einen Cutter, Bohrer, Folie, Stift, Schnur und interessant geformte oder beim Stecken klingende Dinge.

Erster Schritt ist das Verkleiden der Kiste mit Folie, die sowohl den Werbeaufdruck verdeckt als auch die Kiste etwas abwischbar – und damit bereit für das intensive Bespielen macht.

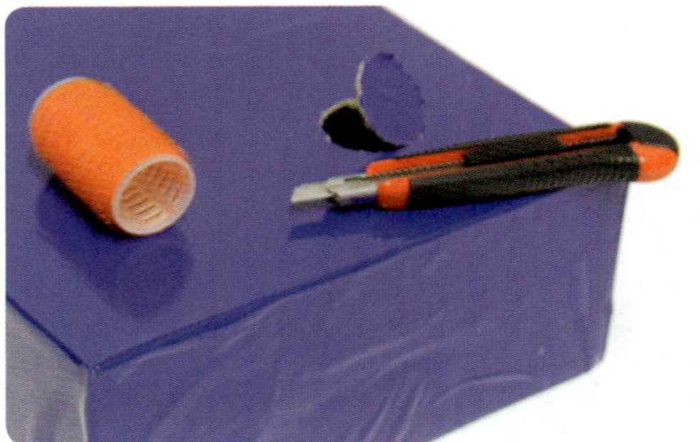

Danach folgt das Ausmessen der Löcher, die schließlich den hineingesteckten Gegenstand eng umschließen sollten, um beim Hineinstecken einen leichten Widerstand zu bieten. Die gewünschte Größe zeichnen wir vor, um sie danach mit dem Cutter sorgfältig auszuschneiden.

Ein besonderer Clou der bisher verschlossenen Kiste ist die Klappe zum Zurückholen der hineingesteckten Dinge: Dafür schneiden wir eine Seitenwand in der Mitte durch, schneiden auf der unteren Seite die Laschen ein, sodass die Wand nach unten geklappt werden kann – siehe unteres Foto – und bohren in die Mitte beider Klappen ein Loch, durch das nun eine Schnur gezogen wird, mit der man die Klappe nun zuknoten und wieder öffnen kann.

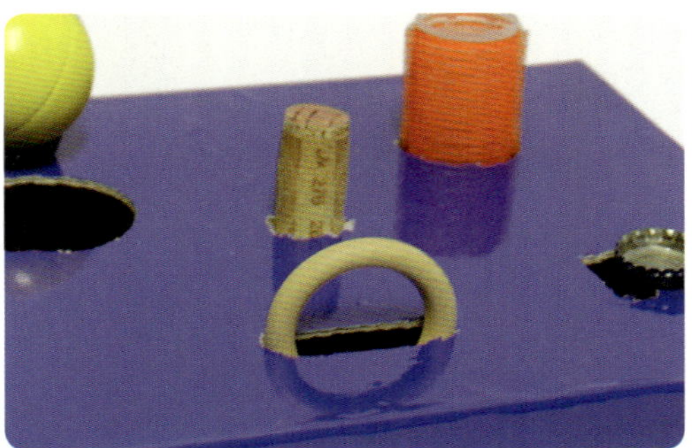

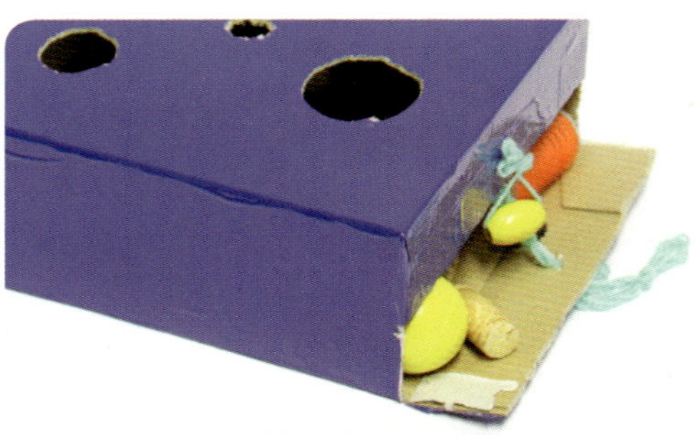

Passt, wackelt, macht ratsch: Einsteckdosen

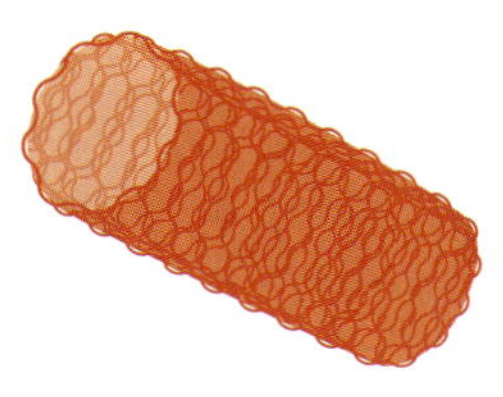

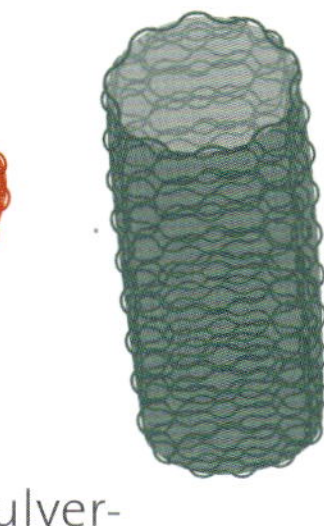

Aus einer leeren Getränkepulver-Dose mit Gummideckel besteht dieser Steck-Spaß. Anders als bei der Flohkiste hat ihr Deckel einen kreuzförmigen Einschnitt, durch den Dinge wie die Lockenwickler mit etwas Druck passen – und beim Stecken macht es „ratsch!"

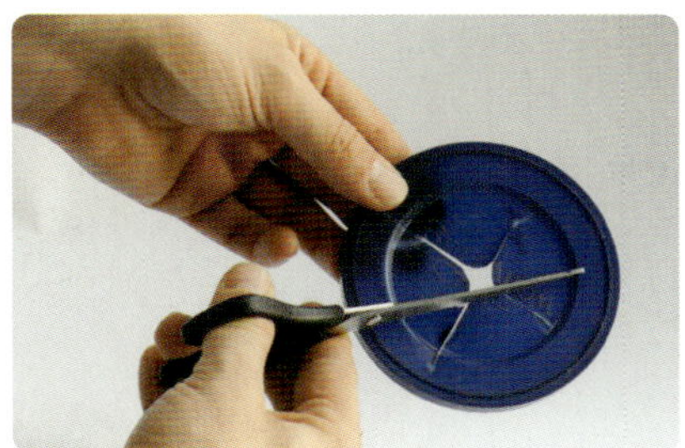

In den Kunststoffdeckel der Dose schneiden wir ein Kreuz ein und runden die Kanten ab.

Zur Verschönerung können wir die Pappdosen mit Farbe anmalen, Blechbüchsen sollten wir mit buntem oder bemalten Papier umkleben.

Es ist sinnvoll, Dose und Steck-Material zusammen auf einem Tablett anzubieten.

Auf Streife: Die Tigerentendose

Den Blick ins Innere erlaubt diese Dose, hergestellt aus einer Plastik-Lebensmittelverpackung, denn der Deckel ist zwischen den Löchern transparent.

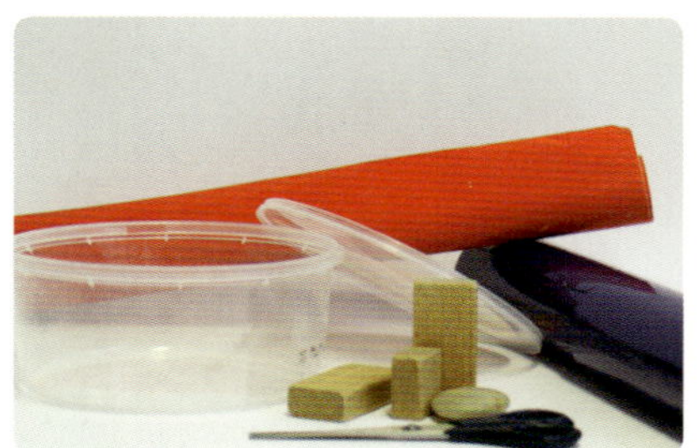

Mit einem Cutter haben wir dafür passende Löcher in den Deckel geschnitten und die Seitenwände mit lustigen Streifen bemalt.

Wichtig: Die scharfen Schnittkanten werden mit Klebeband umklebt, um vor Verletzungen zu schützen.

Am besten wird die Tigerentendose samt Steckmaterial auf einem Tablett angeboten. So sind alle Materialien beieinander.

Ohne Ratsch geht es auch

Bei dieser Dose haben wir – wie bei fertig gekauften Einsteckdosen – Löcher in Form des hineinzusteckenden Gegenstandes eingeschnitten.

Um das logische Denken herauszufordern, bieten wir mehrere Dosen mit unterschiedlichen Öffnungen zusammen an – mit entsprechenden Gegenständen.

Passen die Ringe hier? Oder was könnte man noch hinein tun?

Leichten Gegendruck schätzen die Kinder – deswegen die Löcher nicht zu groß schneiden, sondern lieber einen nachgiebigen Schlitz einschneiden.

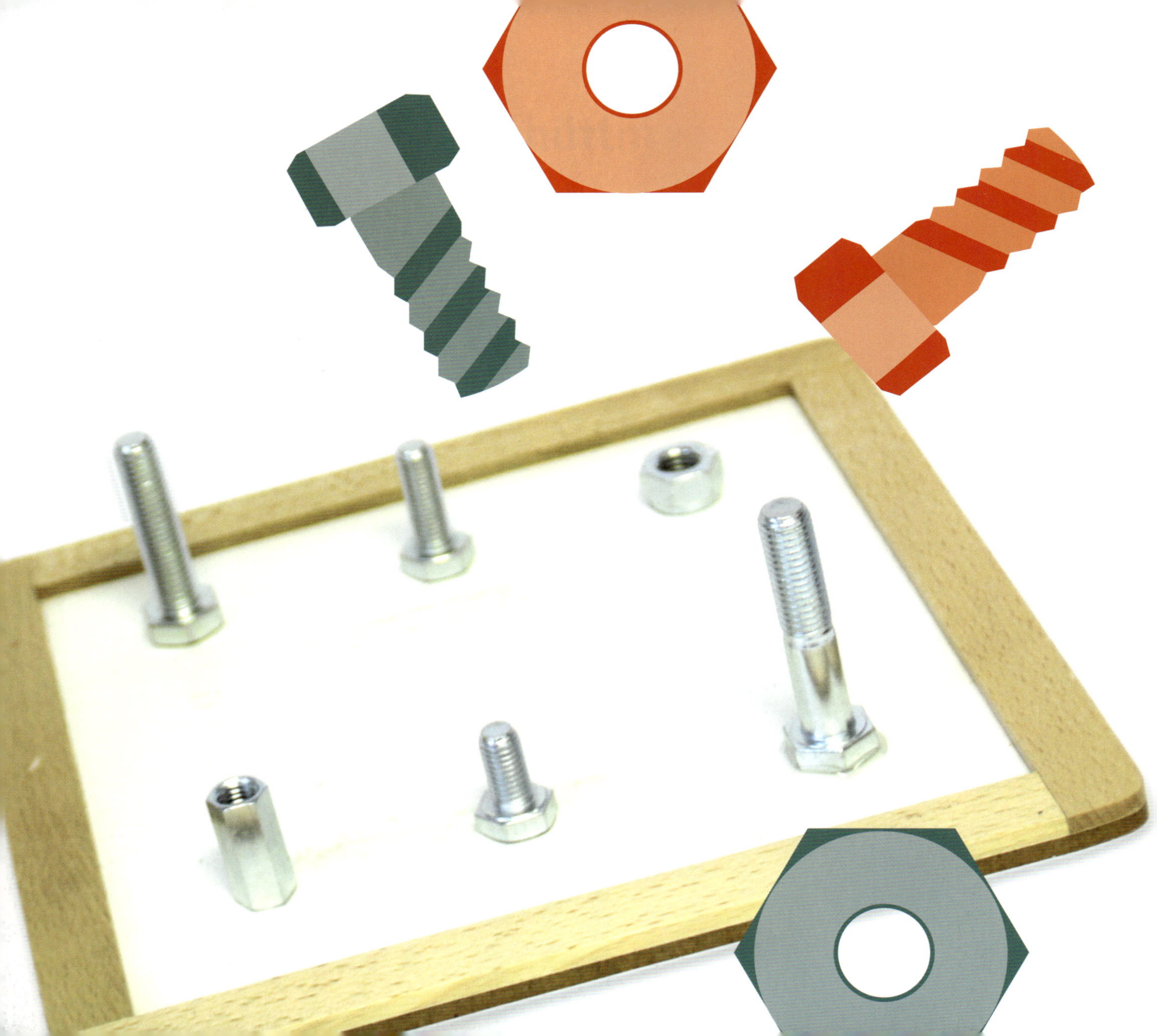

Wo ist deine Mutter? – Schraubtabletts

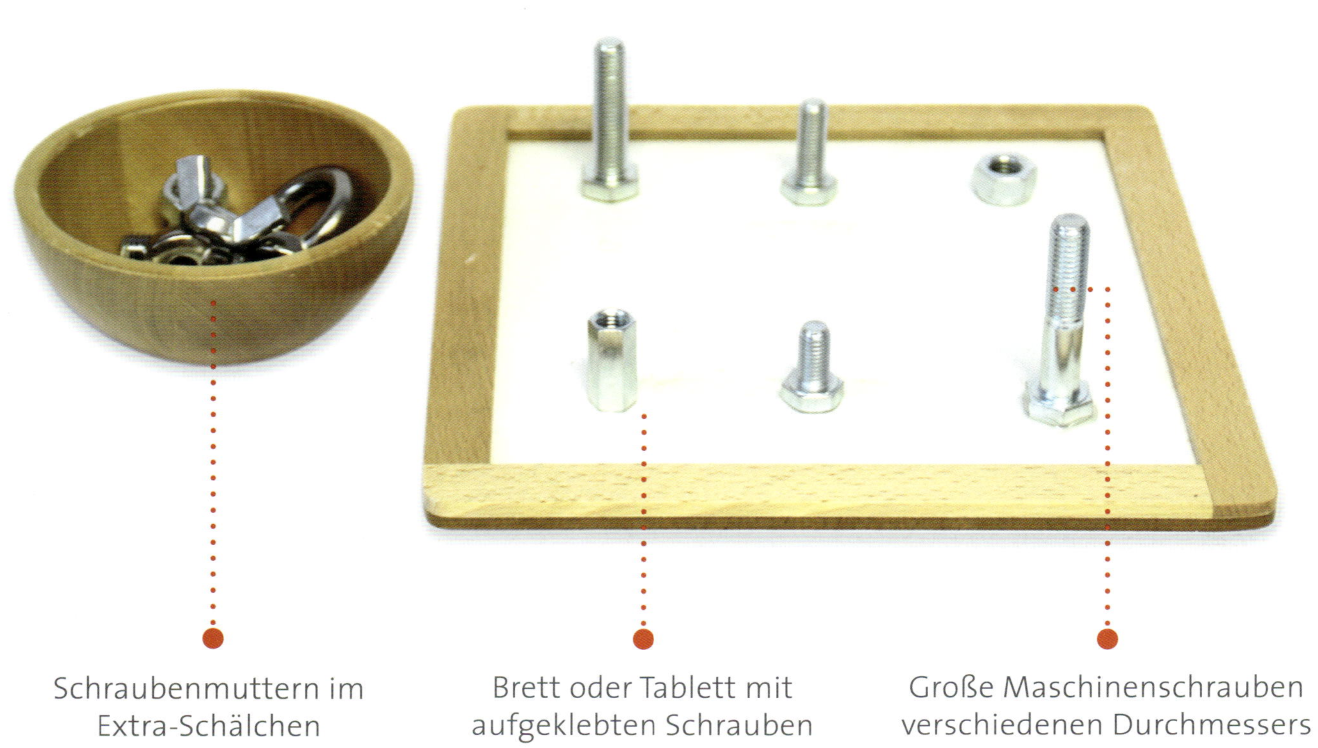

Schraubenmuttern im
Extra-Schälchen

Brett oder Tablett mit
aufgeklebten Schrauben

Große Maschinenschrauben
verschiedenen Durchmessers

Was tun Kinder damit?

Durch Drehen erhält man eine feste Verbindung: Schrauben faszinieren Kinder schon sehr früh. Bei diesem Schraub-Set können sie dem Thema begeistert nachgehen – und wieder einmal die Zusammengehörigkeit bestimmter Dinge erforschen, denn zu jeder Schraube passt eine ganz bestimmte Mutter.

Was untersuchen sie dabei?

Verbindungen: Zwei getrennte Dinge werden durch Geschick plötzlich zu einem einzigen Ding – hochinteressant für Kleinkinder!

Merkmale von Dingen: Um sich zu merken, welche Mutter zu welcher Schraube gehört, muss man beide sehr genau wahrnehmen und unterscheiden können.

Rotation: Durch die Drehung der Mutter verändert sich deren Höhe auf der Schraube – bis sie ganz unten ankommt.

Aktionen mit dem Schraubtablett:

Als Rollenspiel Schraubenkind und Schraubenmutter spielen: Findet jede Schraubenmutter nach Hause?

Die Schrauben zum Befestigen gelochter Stoffe oder Pappstücke benutzen.

So wird das Schraubtablett hergestellt:

Zur Herstellung des Schraubtabletts benötigen wir ein Tablett, mehrere Maschinenschrauben und einen sehr guten Klebstoff wie Zweikomponentenkleber, mit dem die Schrauben an ihren Köpfen am Tablett befestigt werden. Zum Aufbewahren der Schraubenmuttern brauchen wir ein Holzschälchen.

Die Schrauben erwerben wir im Eisenwarenladen oder Baumarkt. Es eignen sich verchromte Maschinenschrauben großen Durchmessers und möglichst breiten Schraubenköpfen, um sie gut befestigen zu können. Schön ist es, wenn sich die Muttern in ihrer Form unterscheiden, etwa durch Verwendung einiger gut zu greifender Flügelmuttern.

... und für die Kleinen?

Für kleinere Kinder birgt das Schraubtablett, bei dem man sich durch Hinauffallen verletzen könnte, eine gewisse Gefahr. Als Alternative bietet auch ein Dosen-Deckel-Tablett viel Schraubspaß.

Auf einem solchen Tablett liegen lose kleine, gut zu greifende Dosen – zum Beispiel Cremedosen – mit passenden Deckeln bereit.

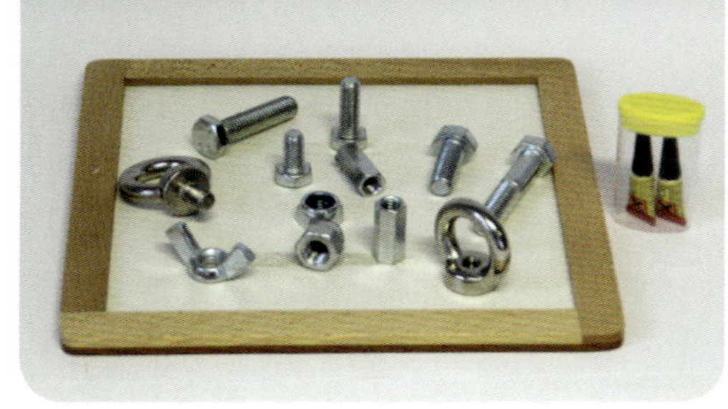

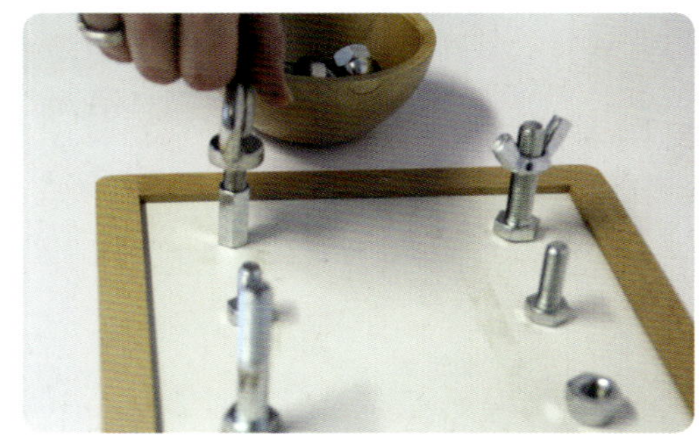

Kugel marsch – im schiefen Flaschenturm

Kreisel, plumps, kreisel, plumps: Gleich mehrfach vollführen Holzperlen, die in diesen Turm aus zerschnittenen Flaschen gesteckt werden, einen merkwürdigen Tanz, bevor sie in die nächste Etage hinabgleiten.

Für den Flaschenturm schneiden wir bei gleich großen Plastikflaschen jeweils das untere Ende der Seitenwand mit dem Boden ab und erhalten so eine Art Trichter.

Diese Flaschentrichter stecken wir nun zusammen – es darf ruhig etwas schief werden, denn so wird der Fall der hineingesteckten Murmel besonders interessant.

Miteinander verklebt mit Klebeband – oder lieber nicht, um den Turm jederzeit wieder auf- und abbauen zu können? Beides macht Sinn – entscheidet selbst!

Überholen verboten: Die Murmelrennbahn

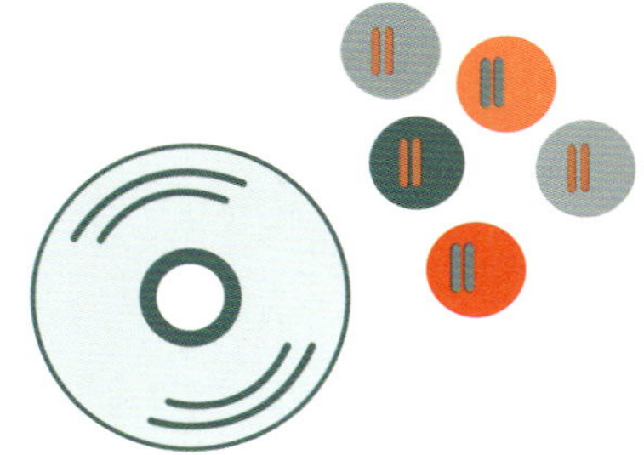

Kaum, dass man dieses runde Ding in die Hand genommen hat, beginnt die Sauserei: In der Murmelrennbahn saust eine Handvoll Murmeln wild um die Wette – durch den gläsernen Deckel gut zu betrachten!

Basismaterial ist eine schmale CD-Spindel, in der CD-Rohlinge verpackt werden, weiterhin Murmeln, eine CD, Klebeband und eine Holzschraube.

So geht´s: Die CD legen wir mit der unbedruckten Seite auf den Boden der Spindel und kleben sie dort eventuell mit etwas Klebeband fest.

Nach dem Eingeben der Murmeln müssen wir nur noch den Deckel mit einer Holzschraube und Klebeband fest verschließen.

Total durchgedreht: Die Karussell-Flasche

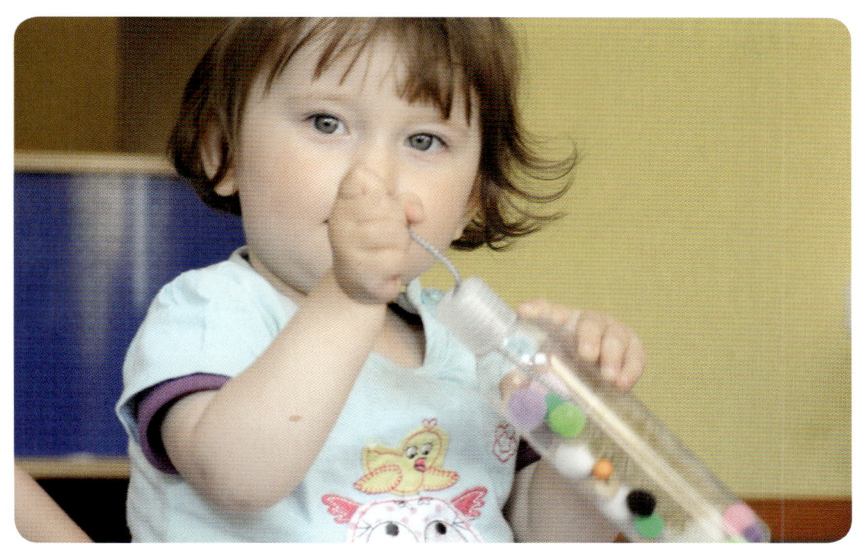

Den Dreh haben Kinder schnell raus: Diese Flasche besitzt eine Kurbel, mit deren Hilfe man den Inhalt – hier eine Handvoll Murmeln – von außen wie mit einem Rührgerät in Bewegung versetzen kann.

Wir benötigen eine Flasche mit Schraubdeckel, einen Bohrer und eine Flaschenbürste aus Draht, deren Bürste etwa die Länge der Flasche hat.

Der Deckel wird durchbohrt und der Draht der Bürste von innen durchgesteckt. Jetzt noch den Draht zurechtbiegen: innen zur Spirale, außen zur Kurbel. Eine Perle sorgt für mehr Griff.

Die Karussellflasche ist bereit – und ihr Inhalt kann durch den schraubbaren Deckel schnell getauscht werden: Glitzersteine, Farbsand, auch matschige Materialien eignen sich dafür.

Es rasselt im Ballon: Der Luft-Matz

Was tun Kinder damit?

Wenn Kinder den leichten Luft-Matz in die Hand nehmen, stellen sie schnell fest, das dort etwas drinnen ist. Die Handvoll Reiskörner im Inneren des Ballons spürt man beim Schütteln auf der Hand, sieht sie gegen das Licht – und vor allem hört man ihre kraftvolle Resonanz.

Was untersuchen sie dabei?

Ursache-Wirkung: Je stärker ich schüttle, umso lauter wird das Ding. Kraft wird zu Krach!

Klangfarben: Wenn verschieden gefüllte Luft-Matze zusammen liegen, macht es Freude, die damit zu erzeugenden Klänge zu vergleichen.

Fall-Linie: Wie ein nasser Sack plumpst der Ballon hinunter – ganz anders als im luftgefüllten Zustand.

Aktionen mit dem Luft-Matz:

Ballon-Orchester spielen – wenn viele Kinder damit Rassel-geräusche erzeugen.

Nass machen – und feststellen, dass man nun das Innere sehen kann!

Auf eine schiefe Ebene brin-gen – und beobachten, wie der runde Ballon merkwürdig ruckartig rollt oder gar auf der Schräge stehen bleibt. Ein auch für Ältere kaum zu begreifender Effekt.

So wird der Luft-Matz hergestellt:

Wir verwenden einen Luftballon in normaler Größe. Um das Schüttgut hinein zu bekommen, ist ein Trichter hilfreich, dessen Tülle wir vorsichtig in den Ballonhals stecken. Eine Handvoll Reis, Linsen, Erbsen oder Sand reichen als Füllung aus. Zu vermeiden sind natürlich scharfkantige Materialien (etwa kleine Steine oder Holzsplitter) oder zu schwere Dinge (etwa Murmeln), denn der Luft-Matz wird ja gerne hin- und hergeworfen.

Den gefüllten Ballon blasen wir bis zur Größe von etwa 10 Zentimetern auf und knoten ihn zu. Eine Sicherheits-Umhüllung aus einer um den Ballon gezogenen, auf beiden Seiten zugeknoteten Feinstrumpfhose ist bei Kleinstkindern angebracht, um zu verhindern, dass diese den Ballon aufbeißen.

Eine reizvolle Variante ist die Beimischung stark duftender Stoffe – wie etwa Lavendelblätter oder Vanillezucker, denn beim Schütteln dringt immer auch ein wenig Duft durch die Außenhülle des Ballons.

Viel Nichts drin: Die Lufttüte

Eine halbtransparente Mülltüte ist Basismaterial für die Lufttüte, eine vergrößerte Variante des Luft-Matz. Sie wurde fast vollständig aufgeblasen und zugebunden.

Der superleichte Tütenball macht schon ungefüllt Spaß: er lässt sich werfen, als Kissen benutzen und fliegt bei leichtem Luftzug von selbst.

Die Neugier der Kinder weckt es, wenn sich im Inneren der Lufttüte Gegenstände abzeichnen – wie etwa mehrere aufgeblasene Luftballons.

Wie bei den meisten Selbstbau-Spielzeugen gilt auch hier: Nur beaufsichtigt bespielen lassen – zerplatzt der Luft-Sack, wird er sofort entsorgt!

Ausgedacht und neu gemacht

Im Inneren dieser Flasche befindet sich ein zum Kreislauf verbundener Aquarienschlauch: Spannend, den Lauf des eingefüllten Farbwassers zu beobachten!

Interaktive Fensterbilder – mit Farbe gefüllte Eiswürfelbeutel laden zum Betrachten und Anfassen ein, und verändern dadurch jedesmal ihre Erscheinung.

Der halbverdeckte Murmelschlauch: Schaffen es die Murmeln auf die andere Seite, auch wenn wir sie dabei nicht sehen können?

Yellow Submarine: Ein Ballon (er muss nicht unbedingt gelb sein) wird in einer mit Wasser gefüllten Flasche auf Tauchfahrt geschickt.

Etagenweises Rieselglück mit feinem Sand: mehrere Flaschenböden durchbohren und zusammenkleben.

Lautstark machen sich die Walnüsse in dieser flachen, dicken Flasche bemerkbar.

Die Glitzerbox – wo passen
bloß die Klötzchen durch?
Für Kinder ist es spannend,
die unterschiedlichen
Öffnungen auszuprobieren.

Sieht einfach gut aus –
wenn bunte Bällchen und
eine Feder in dieser Flasche
auf Schütteltanz gehen.

Rosmarin-Nadeln rasseln
gut – aber wie andere
Gewürz-Flaschen verströmen
sie dabei auch noch
etwas Duft durch winzige
Löcher im Deckel.

Mit Farbfolien verkleidet
sieht der Inhalt dieser Flasche
– weiße Bohnen – von
Seite zu Seite anders aus.

Bunte Herzchen und Glitzerteile springen in dieser
Flasche umher – ein Erlebnis
für die Augen.

Holterdipolter: Die Korken in
dieser Flasche stapeln
sich in immer neuer Weise
aufeinander.

Material für Flaschen-Bastler

Dekosterne

Glitzerstaub

Aquaperlen

Heißklebepistole, Kleber

Luftballons

Strumpf

Schläuche, Schlauchstücke

Pipette, Trichter

Holzmaterialien

Steine

Dosen

Strohhalme

Sicherheit

Ist das denn sicher?

Eins vorweg: Selbst hergestellte Spielsachen haben natürlich genauso wie den Kindern zur Verfügung gestellte Alltagsdinge keinerlei Prüfsiegel, kein Sicherheitszertifikat oder irgendeine andere attestierte Eignung als Spielzeug. Trotzdem ist unstrittig, dass Kinder mit solchen Alltagsdingen in Berührung kommen sollen und damit spielen dürfen. Flapsig gesagt: Wenn es nur nach dem Prüfsiegel ginge, dürften Kinder auch keinen Apfel essen (enthält mit Stiel und Kernen scharfkantige Kleinteile) und nicht im Wald toben (Strangulierungsgefahr an Kletterpflanzen, Stolpergefahren überall).

Was tun? Zwischen Gefahren unterscheiden, die durch normale Aufsicht spielend vermieden werden können – und solchen, bei denen es diese Gewissheit nicht gibt. Viele Spielzeuge haben etwa beim freien Spiel nichts im Raum der Einjährigen zu suchen – wie etwa auch eine Kastanienkiste – aber mit Begleitung sollte das Spiel damit ebenso gefahrlos sein wie mit anderen üblichen Spielmaterialien. Nur manche Dinge sollten manche Kinder gar nicht bekommen, da auch eine dabei sitzende Aufsichtsperson eventuell nicht rechtzeitig eingreifen könnte: Kleinkindern, die noch alles in den Mund nehmen, sollten keine kleinen Gegenstände wie Kastanien oder Knöpfe zum Spielen bekom-

men, denn es geht zu schnell, dass sie diese in den Mund nehmen und dabei Gefahr laufen, diese zu verschlucken. Wenn man sich nicht sicher ist, ob das Spielmaterial sich für die Kinder eignet, sollte man sie nicht ohne Aufsicht damit spielen lassen.

Erwachsene wollen und sollen die Kinder vor Gefahren schützen. Dies gelingt aber nicht, indem man die Kinder rundum beschützt und ihnen jede Herausforderung abnimmt. So bekommen sie keine Chance, Risiken kennen und schätzen zu lernen und die eigenen Schutzmechanismen zu entwickeln. Vorausschauendes Handeln, gelassenes Beobachten und gut dosierte an die Entwicklungsschritte des Kindes angepasste Herausforderungen sind Zeichen gesunden Schutzverhaltens. Es ist aber das richtige Maß, welches die Kinder stark und klug macht. Stete Unter- oder Überforderung sind die Ursachen dafür, dass Kinder sich in der Welt nur schwer zurechtfinden und am Ende womöglich schlimme Unfälle erleiden. Es gilt also für alle, die sich an die gesetzlich geregelte Aufsichtspflicht halten müssen, für Eltern wie Erzieher, dass man durch Beobachtung und das Einlassen auf die eigenen Instinkte, das Leistungsvermögen und den Entwicklungsstand des Kindes richtig beurteilen soll.

Danksagung

Danke an Susan Richter und Karola Puppe

Die vielen Ideen für Krippenspielmaterial stammen vor allem von den Erzieherinnen Susan Richter und Karola Puppe. Beide arbeiten seit vielen Jahren bei Klax und engagieren sich für die Weiterentwicklung der Krippenpädagogik. Sie wissen genau was Kleinkinder brauchen. Beide überraschen immer wieder mit Spielmaterialerfindungen und selbst kreierten Spielsettings für die Krippenkinder. Die Autoren bedanken sich für die Zusammenarbeit und die fachliche Unterstützung bei der Entstehung dieses Buches.

Danke an die Klax Krippe Sonnenhaus

Wir bedanken uns bei den Kindern und Erzieherinnen der Klax Krippe Sonnenhaus, die es uns ermöglichten, im Krippenalltag zu fotografieren. Fotos aus dem Alltagsgeschehen der Krippe halfen uns die vorgestellten Ideen zu veranschaulichen und authentische Einblicke in das pädagogische Geschehen zu geben. Ein Dank gilt den Eltern, die uns für die Fotoarbeiten und die Veröffentlichung der Fotos ihrer Kinder ihr Einverständnis gegeben haben.

Autoren

Antje Bostelmann

Antje Bostelmann ist ausgebildete Erzieherin und bildende Künstlerin. 1990 gründete sie Klax, anfangs als private Malschule und Nachmittagsbetreuung mit künstlerischem Schwerpunkt, heute ein überregionaler Bildungsträger mit Krippen, Kindergärten und Schulen in Deutschland und Schweden. Sie entwickelte die Klax Pädagogik, ein modernes pädagogisches Konzept, welches das Kind in den Mittelpunkt der pädagogischen Arbeit stellt und das allen Einrichtungen von Klax zu Grunde liegt. Sie entwickelt Lern- und Spielmaterialien für die Arbeit in Kindergarten und Krippe und gibt ihr Wissen als Referentin bei internationalen Kongressen, Workshops und Fortbildungen weiter. Seit 1995 hat sie zahlreiche pädagogische Fachbücher veröffentlicht, darunter viele Bestseller. Antje Bostelmann ist Mutter von drei Kindern und lebt in Berlin.

Michael Fink

Michael Fink ist ausgebildeter Kunstpädagoge. Er ist als Autor pädagogischer Fachbücher, Berater und Dozent in der Weiterbildung von ErzieherInnen und LehrerInnen tätig. Besonders interessiert ihn in seiner Arbeit immer wieder der kreativ-künstlerischen Bereich: Es fasziniert ihn, wie intensiv schon ganz kleine Kinder lernen, wenn sie sich mit gestalterischen Aufgaben auseinandersetzen. Fink sucht immer wieder neue Wege, um Pädagogen Anstöße für eine veränderte Arbeitsweise zu geben, indem er ungewöhnliche Aktionsausstellungen zu pädagogischen Themen entwickelt oder die Welt der Pädagogik mit satirischen Texten auf die Schippe nimmt. Michael Fink ist Vater von drei Töchtern und lebt in Berlin.

Gute Pädagogik
findet man nicht überall

Inhouse-Seminare für Krippen, Kitas und Schulen

Sie suchen für sich und Ihr Team Fortbildungen zu aktuellen pädagogischen Themen? Wir kommen zu Ihnen in die Einrichtung und richten unsere Seminare ganz nach Ihren Bedürfnissen aus. Dabei setzen wir gezielt an Ihrem individuellen Weiterbildungsbedarf an.

Wir bieten unter anderem Fortbildungen zu folgenden Themen an:

- **Die Portfolio-Methode in Krippe, Kindergarten oder Schule**
- **Die Krippe – Eingewöhnung, Entwicklungsbegleitung, Raumgestaltung und Materialauswahl**

Desweiteren bieten wir Führungen, Hospitationen, Fachtage und Vorträge an.

Institut für Klax Pädagogik

Arkonastr. 45-49, 13189 Berlin
Tel.: 030-477 96 0

institut@klax-online.de
www.klax-paedagogik.de

Für Verstecker: Die Einsteckdosen

Verstecken und Verschwinden lassen bereitet Krippenkindern große Freude. Mit Geduld und Ausdauer werden gleiche Handlungen wiederholt: der Ring, die Kette, das Tuch u.ä. werden in die Dosen gesteckt und mit etwas Geschick auch wieder heraus genommen. Bei dieser einfachen Handlung lernen Kinder grundlegende Gesetzmäßigkeiten kennen: z.B. werden Größenunterschiede wahrgenommen, ob etwas durch die Öffnung passt oder nicht. Unterschiedliche Materialien werden erforscht und die Objektpermanenz untersucht: sind Dinge existent, auch wenn sie gerade nicht sichtbar sind?

Einsteckdosen 2er Set

Inhalt: 1 Holzkugel, 1 Klangkugel aus Holz, 1 Chiffontuch, 1 Igelball, 3 Holzringe, 1 Gliederkette, 1 Holzscheibe, 2 Dosen PE rund, 1000 ml (Ø 14 cm x Höhe 11 cm), mit Ausstanzung im Deckel.

Art.-Nr.: 103246